# 戦狼中国の対日工作

安田峰俊



文春新書

1436

# はじめに　戦慄すべき対日工作の実態に迫る

——中国は明らかに、タガが外れた。

私が最初にその気配を感じたのは、二〇一九年の香港デモのときだった。中国外交部や『環球時報』などの中国メディアが、デモの黒幕はアメリカであると騒ぎ立てると、中国のインターネット空間には瞬く間にそれを裏付けるようなショート動画があふれた。そして、多くの中国人がその「真相」を信じて世論が反発一色に染まったのだ。

やがて、同年末から湖北省武漢市で新型コロナウイルスの感染爆発が始まると、封じ込めに追われた中国はしばらく静かになった。ところが二〇二〇年の春、コロナ禍が世界に拡がるなかで、中国は奇妙な主張をおこなうようになった。

同年三月十二日、当時は中国外交部の報道官だった趙立堅《ヂャオリージエン》がツイッター（現在は「X」）のアカウントに投稿した一文が、その嚆矢《こうし》である。

**「武漢に伝染病をもたらしたのは米軍かもしれない。透明性を確保せよ！　データを公開せよ！　アメリカは我々に説明する義務がある！」**

荒唐無稽な主張と言っていい。だが、やがて中国国内のメディアが同様の主張を繰り返し、ネット上でもそれを裏付けるかのような動画が盛んに拡散され……。という、毎度おなじみのパターンがはじまった。結果、中国人の多くは現在にいたるまで、新型コロナウイルスのアメリカ起源説を信じるようになっている。

やがて中国の外交官たちは、新疆《しんきょう》ウイグル自治区の少数民族問題や日本の福島原発の処理水排出問題といった他の話題にも、同様の極端な言動を取ることが増えた。

西側諸国に向けて従来以上に攻撃的な主張をおこない、自国を過剰に賛美したりディスインフォメーション（意図的な誤情報）の流布を繰り返したりするようになったのだ。

一般に「戦狼外交」と呼ばれる、近年の習近平政権を象徴する対外姿勢である。

近年、こうした姿勢や行動は、公安部や党の統一戦線工作部、宣伝部など、外交部以外の部署でも見られるケースが増えている。彼らの戦狼化は習近平体制が二期目に入った二〇一七年ごろからあらわれはじめ、コロナ禍で海外との接触が減少した二〇二〇年代に入り深刻化した。

## 日本に上陸した戦狼中国の工作網

その影響は、いまや私たち日本人の身近なところまで及んでいる。

まずは二〇二一年夏ごろを境に、日本国内に赴任する中国の大使や総領事たちが、ＳＮＳで戦狼的な情報発信を盛んにおこなうようになった。

また、中国の地方都市の公安局が世界各国に勝手に設置した拠点である、通称「海外派出所」がすくなくとも二カ所、日本国内に存在したことも確認された。こうした拠点が、反党的な中国人留学生を監視したり恫喝を加えたりした事実も明るみに出ている。

近年の習近平政権は、尖閣諸島に加えて沖縄県全体に対しても働きかけを強めはじめた。芸能・マスコミ関係者の日本人を厚遇し、プロパガンダに起用する動きさえある。

「工作」が活発化した背景には、中国から見た日本の位置づけの変化も関係している。

近年の日本は、中国の近隣国では最大規模に近い七十万人以上（日本国籍取得者を含めれば百万人近く）の中国人社会を抱え、中国人観光客の旅行先としても人気が高い。

しかも、習近平政権が独裁色を強めた二〇一七年ごろから、母国に見切りをつけた富豪や著名なマスコミ関係者など中国社会の中枢にいた人たちが、脱出先として日本を選ぶようになった。現代の中国社会に違和感を持っていたり、反党的な思想を抱いていたりする若者の留学先としても、日本が選ばれやすくなっている。

これまで、大陸中国からの資金や人材・情報の逃げ場所としての役割はながらく香港が担ってきたが、二〇二〇年六月に国家安全維持法が施行されて香港の独立性が失われたことで、中国に対抗する西側社会の最前線が日本まで後退してきたという構図もある。

二〇二〇年代の日本は、往年と比べて経済力や国際的地位が低下し、力の論理を信奉する中国の戦狼主義者から「与《くみ》しやすい」国家として軽侮されている。いっぽう、在日中国人社会の変質と香港の壊滅によって、日本が中国に対して持つ情報的な価値は大きく向上した。ゆえに、中国による大胆な工作や越境介入のターゲットにされやすい状況が生まれている。

本書はこうした「戦狼中国」の対日工作について、当事者に取材したうえで周辺事情を調査し、真相を解明しようと試みたものである。

私は取材の過程で、海外派出所の「所長」とされる人物やその協力者、日本国内外で中国のエージェントから直接的な攻撃を受けた被害者、かつて日本国内で習近平との地域外交に携わった当事者、中国共産党のプロパガンダを担う在中日本人インフルエンサーといった人たちに直接話を聞いた。

加えて、中国の工作活動と関係があるEU諸国やカナダや台湾、さらに沖縄や九州などに足を運び、都内や福岡市内にある中国の在外工作拠点にも踏み込んだ。

一連の取材から見えてきたのは、現実の対日工作のあまりにも意外な、しかし戦慄するべき実態であった――。

## 「したたかな中国」という幻想

従来、日本では中国の行動を「したたか」であるとみなす先入観が根強く存在してきた。すなわち、中国は常に『三国志演義』の天才軍師さながらの神謀鬼策をめぐらせており、用意周到に態勢を整えて詰め将棋さながらに対象を追い詰めていくというイメージだ。

しかし、すくなくとも近年の習近平体制の中国に、こうした「智謀」の印象だけを当てはめるのは大きな間違いだ。

私が実情を観察した限り、現実の戦狼中国の工作活動は、むしろ極度に短絡的で垢抜けず、自分たちの行動が相手国にどう受け取られるかという想像力にも欠けている。カネと人海戦術という単純な武器だけで、無為無策のまま正面突撃を繰り返すような、粗雑で直線的な動きが数多く見られる。

彼らの最大の恐ろしさは、合理的な判断や常識による自制が機能せず、「愛国的」な現場の暴走をしばしば容認する予測不可能性と、その結果生じた誤った方針を修正できずに開き直るという、意思決定の硬直性にこそある。

近年の日本は、そうした危険な相手から重点的なターゲットにされている。

――もっとも、取材から見えたのは恐怖ばかりではない。

近年の中国の行動は強引すぎるがゆえに、「穴」も非常に多いのだ。そうした彼らの弱点を知ることで、日本が中国という脅威に対処する方法も見えてくる。

本書は、戦狼中国の対日工作の深刻な実態と、その意外なほどの脆弱性を、現場取材を通じて余すところなく暴露した一冊である。

# 目次

## 戦狼中国の対日工作

# 第一章
# 秘密警察の派出所

中国大使館員（中央）が出席した江蘇省南通市の警察組織の日本派出所開設セレモニー（2017年6月16日、ホテルニューオータニにて）

## ウィーン条約違反の決定的証拠

私の手元に一葉の写真がある。

二〇一七年六月十六日の午後一時ごろ、ホテルニューオータニの中宴会場「LAPIS L」で撮影されたものだ。

写真には三人の男が写り、背後には「日本南通同郷会掲牌儀式」と赤地に黄色の簡体字で書かれた横断幕が出ている。中国江蘇省南通市に関係する在日中国人たちが組織した、同郷会の設立式典の会場だ。「同郷会」とは在外中国人の相互扶助組織で、日本の県人会のようなものだが、メンバーの人間関係はもっと濃厚なことが多い。

三人の男の肩書は驚くべきものだった。

中央に立つ痩身でメガネを掛けた男は、中華人民共和国駐日本大使館の経済商務部参事官である景春海《ジンチュンハイ》、その右の恰幅の良い男は、当時訪日中だった中国共産党南通市委員会書記（市のトップ）の陸志鵬《ルーチーポン》、左端に立つ丸顔で短髪の男は、日本南通同郷会の会長に就任した徐建軍《シュイジエンジュン》である。ほか、景春海の秘書である若手の女性大使館員（大使館アタッシェ）の出席も確認が取れている。

景春海と陸志鵬の間には「南通市海内外警僑聯動服務中心　日本分中心」（南通市内外華僑向け警察活動サービスセンター　日本支部）と書かれた金色の看板が置かれていた。すなわち、中国南通市の公安局《ゴンアンジュイ》（警察署）の傘下組織である。この日は同郷会の設立式典の一環として、この警僑聯動服務中心の開設セレモニーもおこなわれたのだった。

つまり、この写真は、中国の駐日大使館員の公認のもと、中国警察の出先機関が日本国内に設置された事実を明確に証明するものなのだ。同郷会の新会長に就任した徐建軍が、その「所長」である。

なお、大使館などの在外公館ではない場所に、接受国（今回の場合は日本）の許可を得ずに自国の拠点を設置する行為は、中国を含む世界百九十カ国以上が加盟している「外交関係に関するウィーン条約」の第十二条に明確に違反する。

日中関係はこれまでも平穏ではなかったとはいえ、従来の場合、尖閣諸島近海への漁船の侵入のような中国側のきわどい行為には、「現場の暴走」や「民間人の行動」といった建前が一応は準備されるのが普通だった。だが、今回は中国国家を代表する大使館が堂々とお墨付きを与える形で、日本に対する主権侵害行為が公然とおこなわれた。前代未聞の話といっていいだろう。

二〇二三年六月上旬にこの写真の存在を速報した『文春オンライン』の記事は、報道関係者を中心に世間で大きな話題になった。

### 世界五十三カ国に百カ所以上

二〇二二年の秋以降、世界のメディアやインテリジェンス関係者の話題をさらっているのが、中国の地方公安局が世界各国に設置した出張所、通称「海外派出所」の問題だ。

スペインに本部を置く国際人権ＮＧＯ「セーフガード・ディフェンダーズ」が二〇二二年九月に発表したレポートによれば、こうした海外派出所は、日本を含めて少なくとも世界五十三カ国に百カ所以上存在するとされる。

もっとも、私が取材の過程で同団体の台湾支部のメンバーに話を聞いたり、日本やＥＵ諸国に存在する複数の海外派出所を訪ね歩いたりした感触では、この調査には「抜け」がかなり多い。たとえば、本章の冒頭で紹介した南通市の海外派出所は、彼らが捕捉できていない拠点だ。レポートで明らかにされた数字は氷山の一角にすぎないとみられる。

やがて、二〇二三年四月十七日にニューヨーク市在住の中国系男性二人が米国の司法当局に逮捕されたことで、海外派出所問題はいっそう大きな話題になった。

逮捕されたのは、マンハッタンに拠点を置く中国福建省福州市長楽区の同郷会・美国長楽公会（アメリカ長楽公会）のメンバーである六十一歳の盧建旺《ルージエンワン》と五十九歳の陳金平《チェンジンピン》（年齢は当時）で、公会オフィス内に海外派出所を設置した疑いを持たれていた。

現地報道によれば、盧建旺らは福州市公安局に協力する形で、在米中国人を対象に中国の運転免許証の更新支援などの行政サービスを米国政府の許可を得ず提供。さらに米国内に在住する中国反体制派の中国人とその家族に対する監視や恫喝を繰り返し、中国への帰国を要求したとされる。その後、二人はそれぞれ数十万ドルの保釈金を支払い保釈された。

米国の心臓部に、中国の公安局の出先機関が堂々と開設されていた事実は、日本を含めた西側諸国に大きな衝撃を与えた。盧建旺らの逮捕後、米司法省国家安全保障部門のマシュー・オルセン司法次官補は「ＰＲＣ（中華人民共和国）の行動は、国家として許容される範囲をはるかに超えている」と声明を出し、中国に対する怒りをあらわにしている。

日本での報道も盛り上がり、インターネット上には日本国内にもあるとされる複数の拠点の情報が書き込まれるなど、非常に大きな話題となった。

## 秋葉原の「派出所」はもぬけの殻

もっとも当初、私は海外派出所問題にやや違和感を覚えていた。理由は、これらの拠点の元締めのランクの低さと、彼らから工作拠点の情報を秘匿しようとする気配がまったく感じられなかったことにある。

報道された海外派出所の運営元は、中国の中央政府や首都の機関ではなく、「福建省福州市（長楽区）」や「江蘇省南通市」といった地方の地級~県級行政区の公安局ばかりだった。これは日本に置き換えれば「水戸警察署」程度のランクの組織であり、常識的に考えるならば国際的な工作活動を担える存在とは思えない。

しかも、これらの地方公安局は自分たちの「警僑服務《ジンチャオフウウー》」（華僑向け警察活動サービス）を市民に向けて積極的に広報し、ウェブサイトでしばしば各国のサービスステーションのメンバーの顔や実名を公開していた。

中国共産党が全世界に展開する国際秘密組織網、というシャープなイメージとは、大きな乖離があることは否めない。

二〇二三年三月十六日、私は都内の秋葉原にある福建省福州市公安局傘下の海外派出所「十邑会館」に行ってみた。福建省北部出身者の同郷会の聯合組織「日本福州十邑社団聯合総会」と同一の場所にあり、なんと「十邑ホテル」の名前で、各種のホテル予約サイトを通じて宿泊を受け付けていた施設である。

宿泊客として内部に入ってみると、ビルの入り口は施錠されておらず、監視カメラは入り口の一カ所のみ、フロントスタッフも常駐していない。在日中国人経営のインバウンド客向けの民泊そのものだった。海外派出所の事務所とされる部屋は最上階にあったが、ドアは施錠され、内部に人の気配はない。

二〇二三年四月十九日付の『朝日新聞』によると、前年七月までの数カ月間、コロナ禍で帰国できない在日中国人ら数十人に対して、中国国内の運転免許証の更新サポートをおこなった事実はあったという。また、他に私が得た情報では、彼らは福州市公安局から免許更新以外の「仕事」も求められていたものの、活動資金を出してもらえず、海外派出所の業務は短期間で停止したとのことだった。

もちろん、業務実態の如何を問わず、中国の公安局の拠点を第三国に勝手に設置する行為は国際条約に違反する。とはいえ、実質的な脅威度はさほど高くなさそうだ——。

常識的な判断として、そう考えたこともあった。

## 違法機関の開設を大使館員が公認

だが、ほどなく私の認識を覆す事実が判明する。

セーフガード・ディフェンダーズのレポートには未記載の、江蘇省南通市公安局の系列下にある海外派出所を調べるなかで、重要な資料を入手したのだ。

すなわち、中国大使館の現役参事官が、二〇一七年六月十六日にこの海外派出所の設立セレモニーに出席していた証拠となる複数の写真や、会合の出席者の名刺である。中国の公安局の出先機関の設立を、大使館員が公認していたとなれば、問題の深刻度は桁違いに跳ね上がる。

私がこの海外派出所の所在地を知ったきっかけは、なんと怪しげな陰謀論系のサイトの記事だった。二〇二二年秋に問題が報じられて以降、日本国内の陰謀論者やネット右翼の間で、「中国の拠点」とされる住所が、ＳＮＳやブログに数多く書き込まれるようになっていたのだ。私は念のため、この手の情報も可能な限り裏取りを進めていた。

西日本の政令指定都市の近郊にある現地を訪ねると、山と田んぼに囲まれたバイパス沿いの小さな集落に、個人経営らしき小規模な社屋が建っていた。仮にA社とする。

「海外派出所がどうこうという話は、うちの会社はまったく関係がない。なのに、『ネットで見た』と言って、近所に怪しげなビラを撒いたり、集落の前で演説をしてユーチューブにアップしたりする変な連中が来るようになった。迷惑しているんだ」

取材に応じたＡ社の社長は困惑顔でこう話した。なお、彼は自民党員の日本人男性で、配偶者も集落で民生委員を務める日本人女性である。彼らの言葉は事実のようだった。

もっとも、さらに調べたところ、Ａ社にかつて多額の金銭トラブルを起こして退社した中国人の元役員が在籍していたことが判明した。元役員はその後、Ａ社と同じ場所に無断で自分の会社を登記。居住や営業拠点としての実態がないにもかかわらず、自社の住所を海外派出所の拠点として中国側に届け出ていた。

これを受けて南通市公安局は、世界各国に設けた「サービスセンター」の住所をウェブサイト上に公開した。結果、その情報が日本側の陰謀論サイトに転載され、無関係なＡ社が「中国共産党の拠点」として陰謀論者たちから勘違いされた――。

## 元民兵が関与した組織

この迷惑な騒動を起こした中国人の元役員は、名前を徐建軍という。

すなわち、日本南通同郷会の会長として、海外派出所の「所長」に任命された人物だ。

彼は現在四十代とみられ、過去に中国で民兵として長年活動した経歴を持つ。

「徐建軍は現在はすでに中国に帰り、薬品系の国有企業に勤務している。ただ、家族は日本に残しており、福岡市内に住居がある」

本人をよく知る、日本の東北地方に住む在日中国人の李海峰《リィハイフォン》（仮名）はそう証言する。

「コロナ前、徐建軍は中国に行くたびに故郷の南通市公安局の定例会に出席して、日本で得た情報を提供し、さらに福岡の中国総領事館の定例会にも出入りしていた。中国の政府関連部門が開くこの手の定例会は、出席すると必ずなんらかの情報提供をおこなう義務がある。権力に近づきたいと考えている人間が行くものだ」

徐建軍が故郷の公安局や福岡の中国総領事館に出入りし続けていた理由は、彼が中国共産党への入党を希望する予備党員だったからだ。入党を果たすには、政治的な功績の「加点」が必要であり、ゆえに積極的に情報提供を続けていたのである。李海峰は言う。

「彼の故郷の江蘇省は福岡県と三十年以上も友好提携を結んでいて、福岡県内には江蘇系の日中交流団体が多い。徐建軍はこれらに出入りし、反体制的な在日中国人の情報を得た上で、当局に密告していた」

調べたところ、在日中国人の商工会である九州中資企業協会や、九州の在日中国人の産学提携団体など、総領事館と関係が深い複数の在日中国人組織で、徐建軍が幹部に名を連ねていることが確認できた。

かつて日中友好ムードが強かった一九八〇年代から九〇年代前半ごろまで、日本の都道府県には中国の各省と友好提携を結ぶブームがあった。この長年の「友好」を隠れ蓑にして、不穏な動きをおこなう人々がいるのだ。

九州中資企業協会は、駐福岡総領事の律桂軍《リューグイジュン》が名誉顧問、中国のフラッグキャリアである中国国際航空の福岡支店長が会長を務める組織だ。しかし、実際に博多駅前三丁目にある所在地を訪ねると、事務所があったのは築五十年は経っていそうなボロボロの小さなビルの四階。「中国江蘇省中小企業日本代表処」という団体と共同で入居しており、内部は無人だった。すぐ近所に同団体の役員の会社があったので、アポ無しでオフィスに突撃してみたところ、当然ながら組織的なスパイ活動については認めなかったが、徐建軍の経済状況や人格は仲間うちでも評判が芳しくないことは見て取れた。

そこで、徐建軍から直接話を聞くべく彼の中国国内の携帯電話番号にダイヤルしてみると、一度は本人と話ができた。だが、日本での活動の実態を尋ねた私に、徐建軍は「産学提携団体の童志銘《トンヂーミン》（仮名、後述）代表理事に聞いてくれ」と、仲間の名前を挙げるだけでそれ以上は口を閉ざし、「これから会議がある」と一方的に通話を打ち切った。

その後、徐建軍の妻とも電話が繋がったが、「私はわからない」の一点張りである。

夫婦ともに、私がそれから掛け直した電話には出なかった。

## 在日中国人の言動を調査

いっぽう、徐建軍が副理事をつとめる産学提携団体について、内部を知る関係者はこう証言している。

「九州大学を筆頭とする九州の大学全体で、中国人留学生は約一万人いる。彼らのうちで優秀な人材に対する中国共産党への入党スカウトや、理系の先端技術を持つ人材のリストアップをおこなっていた」

さらに日本側の情報関係筋からも、このような証言がある。

「駐福岡総領事館の監督のもと、九州地区の中国人留学生や在日中国人の言動を調査し、反体制的傾向があると判断した人物について報告をおこなっているとの情報を得ている」

この団体は日中友好を通じた産業・学術・研究活動の相互促進を標榜する一般社団法人で、徐建軍が海外派出所の「所長」に任命された約二カ月後の二〇一七年八月十九日、中国駐福岡総領事館内で設立集会が開かれている。

設立の旗振り役は、当時の駐福岡総領事だった何振良《ホォチエンリャン》（第三章参照）だ。その後も団体の年末の定例集会には、駐福岡総領事が毎年顔を出している。

中国外交部のホームページなどによると、二〇二二年十二月に開かれた設立五周年集会では現総領事の律桂軍がスピーチし、同年十月の第二十回党大会で確認されたハイテク技術の強化を通じた強国化政策を強調している。中国の「官」「党」の色がかなり濃い団体なのは間違いない。

私が入手した設立集会の参加者リストのコピーを確認すると、百人ほどの参加者の中には日本人の企業家や地方議員の名前もあるものの（名前を貸しただけの人もいるのだろう）、全体の七〜八割は中国名の人物である。

リストには九州大学をはじめとした理系の大学教員や食品・医療・バイオ系の企業関係者が目立ち、ほかに中国政府系の語学教育機関である孔子学院の複数の講師や、やはり総領事館と関係が深い、九州地域の中国人学者技術人員聯誼会（在日中国人の研究者やエンジニアの組織）の複数のメンバーの参加が確認できた。

一連の証言の真偽や、この産学提携団体と徐建軍との関係はいかなるものなのか。

二〇二三年五月中旬、代表理事を務める童志銘に、私と中国人の取材アシスタントがそれぞれ日本語と中国語で電話を掛けてみた。

だが、当然ながら一連の不穏な情報については否定され、さらに突っ込んで質問すると「そういう事情は徐建軍が詳しい。私は知らない」とごまかされた。いっぽう、彼に問い合わせる前に徐建軍に電話を掛けた際、「童志銘に聞いてくれ」と話を濁されたことは、すでに述べたとおりである。

## 代表理事を直撃

埒《らち》が明かない。

そこで五月二十九日、私一人で福岡市博多区にある同団体の事務所を直接訪ねた。西鉄雑餉隈《ざっしょのくま》駅を降りて数分歩くと、健康食品や漢方医学情報を扱う企業の看板を掲げた一戸建ての家がある。代表理事の自宅兼会社が、そのまま団体の事務所になっていた。

付近で張り込んでいると、夕方四時半ごろにボルボの白いＳＵＶが戻ってきた。私がインターホンを押すと、ほどなく中国人の男性が顔を出した。名刺を差し出す。

「ああ、『文藝春秋』の安田峰俊さんですね。じゃあ、上がってください」

訛りがあるものの流暢な日本語だった。

事前に一切アポイントメントを入れずに突撃したにもかかわらず、相手が一切動揺の色を見せず、こちらの訪問意図さえ尋ねないで建物内に通してくれる展開は、私の過去の取材経験からしても非常に珍しい。

「安田さんの記事はネットで拝見しましたよ。確か秋葉原の（海外派出所である十邑会館の）ホテルに泊まった記事を書いていますね。あそこは福建人がやっているところですが、何もなかったでしょう？　まあ、コーヒーでも淹れましょうか」

童志銘は口数が多く如才がなかった。電話で話した時は、落ち着きのある高齢の知識人をイメージしていたものの、実際に会った本人は精力的な印象だ。年齢は六十代のはずだが、もうすこし若く見える。

狭い事務室内に書類が積み上げられ、雑然とした印象だった。ベニヤ張りの壁に、親中家で有名な元総理の村山富市と、元日本大使の程永華《チェンヨンホア》の書が掲げられている。

ちなみに団体の発足は二〇一七年四月だが、童志銘は二〇〇〇年代から中国駐福岡総領事館と近しい立場で日中交流活動に携わってきた。ゆえに、かねてから日本の公安機関のマークを受けていた模様である。

**「地方の公安局が勝手にやっていること」**

「秋葉原の十邑会館には、何もありませんでした。スパイの拠点とは思えませんね」

「そりゃあそうです。安田さんは日本のジャーナリストとしては、比較的客観的な記事を書いている。これからはもっと客観的な記事を書いてください。そもそも日中の関係というのは――」

　童志銘は、あまり中身のない日中友好の理念を滔々《とうとう》と語って会話の主導権を握ろうとする傾向があった。話の切れ目を見つけて質問をぶつける。

「海外派出所について、どう思われますか？」

「事情は一切知りませんよ。ただ、仮に事実ならばよくない。仮にあったとしても、地方の公安局が勝手にやっていることでしょう。中央政府は関係ないですし、そういうことは中国大使館も許さない」

「じゃあ、もしも中央政府や大使館が関係していたら？」

「そりゃあ問題です。そういうことはよくない」

「あなたがたの団体が、九州にいる反体制的な中国人留学生などの情報を中国当局に提供していると言われていますが？」

「そんなことはしていません。私たちは学者や研究者やビジネスマンの団体ですから。日本の一般社団法人なんです。なにも悪いことはしていません。監視などということは、よくないことじゃありませんか」

童志銘は再び、日中友好の理念を語りはじめた。

私が話を遮ると「徐建軍さんが私の携帯電話の番号を勝手にあなたに教えたので困るんです」と、徐建軍の名前を出した。

「彼はどういう人物ですか？　海外派出所の問題に関わっていたようですが」

「いや、よくわかりません。徐建軍さんとは何回か、数えるほどしか会ったことがありませんから。プライベートの付き合いもまったくありません。しかし、彼は海外派出所みたいな、そういうことに関わる人物ではないですよ」

「徐建軍氏が南通市海内外警僑聯動服務中心の日本分中心の代表に任命された事実と、その席上に中国大使館員が同席していた事実についてはどう思いますか？」

「そんなわけがないでしょう。なにを根拠に言っているんです？　嘘ならこれは大問題ですよ。客観的な報道をしてもらわないと困ります。あなたがたの雑誌に対する法的な問題になってもおかしくない」

「×××からの情報です。相応の根拠があるので、こう言っています」

童志銘はしばらく沈黙した。やがて考えをまとめ、「それは私は知らない」と口にした。

「さっき海外派出所は『よくない』、仮に大使館が関与していれば『問題だ』とおっしゃいました。それでは御団体としては、徐建軍氏にどのような処分を考えていますか？」

「それは決められません。みんなで相談しないといけない」

「問題を起こしているのに、処分を決められないんですか？」

「私の一存では決められない。徐建軍さんは徐建軍さんの個人の行動もあるでしょうから、そういう個人の行動を、団体が命令して管理したりはできないですよ。そもそも――」

ちなみに童志銘は、徐建軍について「プライベートなことは知らない」と述べたが、私が徐建軍の妻に事情を問い合わせる電話を掛けていたことまで、なぜか把握していた。

## 起源は「同郷会」

日本国内にも拠点が存在し、「所長」が情報活動に携わっていた海外派出所は、そもそもどのような存在か。ここであらためて整理しておこう。

近年の中国において、国内の地方公安局が在外華人向けに提供している警察行政サービスを「警僑服務」、もしくは「海外110《ハイワイヤオヤオリン》」という。

そして、地方公安局がサービスの窓口として海外に設置した出先機関や、中国国内で局内部署として設置した在外華人向けの担当部門のことを、「警僑服務站《ジンチャオフウーヂャン》」や「警僑驛站《ジンチャオイーヂャン》」などと呼ぶ。日本で海外派出所や海外警察の名で知られる存在は、前者の海外に設置された地方公安局の出先機関のことである。

これらの調査に直接携わったセーフガード・ディフェンダーズの台湾支部によると、「警僑服務」という単語は習近平政権が長期化の様相を見せた二〇一六年ごろから、中国側の公開情報にあらわれはじめたという。ほか、運営母体や地域によっては「検僑服務《ジエンチャオフウー》站《ヂャン》」（華僑向け検察サービスステーション）や「華助中心《ホアヂューヂョンシン》」（華人ヘルプセンター）などの形態を取っている例もある。

海外派出所を運営する公安局の所在地は、江蘇省の南通市、山東省の莱陽市、浙江省の麗水市青田県や台州市天台県、福建省福州市など、中国東南部の海に近い街が多い。いずれも、前近代から住民の海外渡航が盛んな僑郷《きょうきょう》（華僑を多く輩出した地域）である。

ドイツは麗水地域、南アフリカは南通地域、日本とアメリカはそれぞれ福州近郊の福清地域と長楽地域……。と、各国の華人社会においてこれらの僑郷の出身者が多数を占め、幅をきかせている例もしばしばある。

そして、ニューヨークの美国長楽公会、日本の十邑会館（日本福州十邑社団聯合総会）や日本南通同郷会などのように、有力な同郷会や華人商工会が海外派出所の受け皿になる例が多い。通常、海外派出所のメンバーは、本国から派遣されたプロのエージェントではなく、もともと現地に住む中国人の有力者が任命される。

これらはどういうことなのか。

理解の鍵となるのが、伝統的な華僑の世界で同郷会が担ってきた役割だ。

一昔前まで、華僑は言葉の壁や人種差別などを理由に、渡航先の国でトラブルに遭った場合に現地の警察に訴え出ることが困難だった。加えて通信や移動のコストが高かった時代には、中国への連絡や送金、冠婚葬祭の出席や自分の結婚相手探しなども難しかった。

そこで、同郷出身で身元が信頼できる者同士で組織を作り、民事トラブルの調停や故郷との連絡などで助け合うことにした。これが同郷会の起源である。

## 公安局にとっても在外中国人にとってもウィン・ウィン

いっぽう、習近平政権の成立以来、中国では国内外の各種の民間団体（一般企業も含む）に対する当局の介入が強まった。

二〇一六年以降、中国各地の僑郷の地方公安局が「警僑服務」キャンペーンを推し進めたのは、これまで海外の同郷会が私的に担ってきた業務に公安局が食い込む目的もあったのではないかと思われる。

加えて中国人のなかには、国内の自国民はもちろん、海外にいる中国系の人々（帰化した元中国人など）もすべからく、中華人民共和国の法律や社会制度に服するべしと考える人々がいる。とりわけ、党中央が中華民族ナショナリズムを強調するようになった二〇一〇年代以降はこの観念が強化され、具体的な政策としても落とし込まれるようになった。

いっぽう、在外中国人の立場から見て、中国に帰国せずに中国国内の行政手続きが可能になり、海外での中国人同士の民事紛争の解決に故郷の公安局が乗り出してくれることは悪い話ではない。むしろ、かなり「助かる」サービスですらあった。

海外派出所の存在は、地方の公安局にとっても在外中国人にとっても、ウィン・ウィンの側面があったのである。

## インテリジェンスの拠点に転用

もっとも、発足当初の時点では必ずしも計画的な謀略ではなかったにせよ、現実の海外派出所は、単なる「サービスステーション」の役割だけには甘んじなかった。

各地の僑郷の公安局が、各国の華僑コミュニティにそれぞれ食い込んだ結果、いつの間にか全世界の中国人社会を漏らさずカバーする中国の警察組織の巨大な国際ネットワークが成立してしまったためだ。

これを運転免許の更新業務のためだけに使うのは惜しい。そこで、一部の海外派出所をインテリジェンス活動の拠点に転用し、在外中国人の監視や脅迫をおこなうような「業務」も、現場になし崩し的に担当させることにした――。

福建省福州市や江蘇省南通市のような地方の公安局の出先機関の一部が、国家レベルの仕事を担うようになった経緯は、こうしたものではなかったかと思われる。

ちなみに、セーフガード・ディフェンダーズの台湾支部は、レポートの作成過程で全世界の海外派出所の拠点に電話調査をおこなっている。彼らによれば、多くの拠点は名義を貸しただけのものや免許更新などの地味な業務しかおこなっていないものだったという。

だが、海外派出所の特徴は、その無計画さと、標準化がなされていない点にこそある。

ゆえに、なかには反体制派の在外中国人に対する脅迫やスパイ活動に手を染める拠点も存在する。そもそも、国際条約を無視して第三国に勝手に警察行政サービスの拠点を作るような人たちは、中国国内の人権感覚や国民管理体制を他国に輸出する行為に問題意識を覚えるような価値観は持っていない。

わが国でも水面下において、中国による国家主権の無視や、中国側の警察権力の介入やインテリジェンス活動が、他にも数多くおこなわれていることはほぼ確実だ。

では、仮に現在の状況を放置した場合、日本にはいかなる事態が出来《しゅったい》するのか？答えは欧州にある。話の舞台を移し、現地で進行している壮絶な実態を伝えていこう。

## 性風俗コミュニティに嫌がらせで登録

「二〇二二年後半から、中国当局の嫌がらせが一気にエスカレートしました。きっかけはこの年の六月四日、ベルリンで開かれた在外中国人の天安門事件追悼運動を取材したこと。集会中から中年の中国人男性が執拗に私を撮影し、帰路も尾行してきたんです。それから、私の住所などの個人情報や誹謗中傷がネットにばらまかれるようになりました」

二〇二三年五月七日、四十代の中国人記者である蘇雨桐《スーユィトン》は、ベルリン市内のカフェでそう話した。目鼻立ちの整った女性で、聞き取りやすい標準的な中国語を話す。

彼女はかつて北京のテレビ局でキャスターを務めていたが、高度経済成長が進むなかで社会矛盾が拡大した中国の現状に違和感を抱き民主活動家に転身。当時は現在と比べて自由な気風が強い胡錦濤政権の時代であり、蘇雨桐は河南省にある売血でＨＩＶ感染が蔓延した農村を支援したり、二〇〇八年に劉暁波《リュウシャオボー》を中心に出された知識人の民主化要求アピール『〇八憲章《リンバーシエンヂャン》』に名を連ねたりと、当局の妨害を受けつつも活動を続けた。だが、二〇一〇年に天安門事件当時の総理だった李鵬《リィポン》の日記の公開を図ったことで強力な弾圧を受け、香港に脱出。現地の著名な民主派知識人である李柱銘《レイチューメン》（マーティン・リー）の支援も受け、ドイツの放送局の中国語サイトの記者の仕事を得て、欧州に移住した。

亡命後も中国当局による一定の圧迫は存在し続けていたというが、二〇二二年六月から嫌がらせが極めて苛烈になった。この時点で、彼女はすでにドイツ国籍を持つ「ドイツ人」なのだが、そんなことはお構いなしだった。

「自宅に毎日、いろいろな男性が訪ねてきてインターホンを押すようになったんです。応対すると『君のサービスはいくらだ？』と尋ねてくる。彼らは私がセックスワーカーだと勘違いしてやってきた、買春客だったんです」

多くは白人男性だったという。蘇雨桐がなぜ自分の家を知ったのかを尋ねても、ほとんどの男は無言で立ち去った。彼女は混乱した。

「もちろん気持ちが悪いですよ。わけがわからず、もしかして私が入居する前の住民がセックスワーカーだったのかと思ったんです。しかし、家の表札を隠してみたところ、彼らの訪問はピタッと止まった。なので、彼らが『私』を訪ねていることがわかりました」

ちなみにドイツでは自宅に表札を掲げないと郵便物が届かないため、誰もが表札を出す。

やがて訪問客の男性の一人から、コミュニケーションアプリのＷｈａｔｓＡｐｐの性風俗コミュニティで書き込みを見たと教えられた。蘇雨桐の顔写真と自宅の住所が掲載された偽物の風俗広告が、何者かによってネット上にバラ撒かれていたのだ。

買春男たちの訪問は約半年間、彼女が引っ越すまで延々と続いた。携帯電話にもしばしば、ドイツ語で「価格」を問い合わせる着信があった。

## 合成ポルノ写真をバラ撒かれる

さらに、自分の顔が合成されたヌード写真やポルノ動画、宛名に彼女の名前が書かれたセックスグッズやセクシーランジェリーの領収書といったフェイク画像がネット上にバラ撒かれた。ツイッター（現在は「X」）に「蘇雨桐の爛れた欲情」といったハンドル名の嫌がらせアカウントがいくつも作られ、下品な内容のメッセージが書き込まれた。

ほどなく、中国出身でカナダ在住の女性民主活動家が、自分と同様の被害に遭っていることが判明する。一連の不気味な出来事は個人によるハラスメントではなく、中国当局からの攻撃だと思われた。

「他にも私の名義で、ベルリンをはじめロサンゼルスやイスタンブール、香港など世界各地の高級ホテルが勝手に予約され、『部屋に爆弾を仕掛けた』と現地の警察に虚偽のテロ通報をおこなう嫌がらせが繰り返されました。それで、各国の警察から電話が掛かってくるんです。高額な宿泊費をわざわざ支払って予約していたケースもありましたから、ただの愉快犯ではありません。資金力を持つ組織がおこなっている行動です」

蘇雨桐が電話番号を変えても、攻撃者はどこからともなく新しい番号を嗅ぎつけ、すぐに嫌がらせを再開してきた。彼女の職業はフリーランスの記者であり、外部の不特定多数の人物に連絡先をまったく教えないことは不可能だった。

## 「強姦して殺す」

二〇二二年十一月から、攻撃はさらに過激になった。

コミュニケーションアプリのテレグラムを通じて、より直接的な嫌がらせや脅迫を受けるようになったのだ。

「『殺手《シャーショウ》！！！！！』（殺し屋）というハンドルネームの人物から、見るに堪えない文章が大量に送られてくるようになりました」

彼女はスマートフォンを取り出し、会話内容を記録したスクリーンショットをいくつも見せてくれた。

**「お前の写真でオナニーしてやった」**

**「強姦して殺す。俺がどれだけデカいかじっくり味わえ」**

**「仲間と一緒に輪姦してやる」**

衝撃的だが、用いられている文言は信じられないほど品性に欠けている。

「ドイツの警察に通報したんですが、はじめは彼らも事情を理解してくれなかった。『中国国家がこんなに粗雑なことをやるわけがない。変態的なストーカーが個人的にやっているんじゃないですか?』と言われたんです。ニセの爆破予告ですとか、自分が受けているいろいろな被害を説明して、現在はもう理解してもらえたんですが」

中国の「工作」は、高級ホテルに大量のニセ予約を入れるために数十万円程度のカネをかけているものの、その内容は一般人がおこなう嫌がらせと変わらない。

「その通りです。彼らの行動はまったくレベルが高くない。でも、これは私が中国国内にいたときから見知っている国保《グオバオ》のやり口と同じ。中国人にとってはよくある手法です」

通称「国保」とは、中国公安部の国内向けのインテリジェンス組織である国内安全保衛局（現・政治安全保衛局）のことだ。対象者への嫌がらせ工作や取調べ中の拷問も辞さない点で、戦前の日本の特高警察のイメージに近い組織である。

蘇雨桐のような在外華人に対する攻撃は、おそらく国保とは異なるセクションが担当しているはずだが、現場の工作手法に大きな差はないようだった。

蘇雨桐は「自分の考えですが」と前置きしてこう話す。

「スパイを専門的に養成して、他国に送り込んで工作させる作戦は非常にコストがかかります。でも、ゴロツキを雇って汚れ仕事をやらせれば、すごく安く上がる。ターゲットの名誉を毀損して疲弊させることが目的ならば、そのほうが割に合うのかもしれません」

ちなみに一昔前までの中国は、海外に逃亡した自国の反体制派をほとんど放置する姿勢を取ってきた。王丹《ワンダン》やウアルカイシといった天安門事件のリーダーや、ゼロ年代までに海外に亡命した民主派の知識人などがそうである。

かつてユーチューブやXが普及していなかった時代、海外に脱出した言論人が中国国内に対して影響力を持ち続けることは困難であり、通常は活動が先細る。ゆえに当局の側にも、反体制分子を海外に追い出せば「上がり」という認識が事実上存在していた。汚職官僚（貪官《タングアン》）や経済犯も、海外に逃げた者にはほとんど手出しができなかった。

だが、二〇一三年に習近平政権が成立すると、まずは国外に逃亡した汚職官僚に対して、親族を実質的な人質にとって帰国を強要するなど徹底的な追い込みをかける猟狐活動《リエフーフォドン》（キツネ狩り作戦）が開始された。

同じく海外に在住する反体制派に対しても、露骨な恫喝や分断工作がおこなわれるようになり、攻撃は徐々にエスカレートしていった。

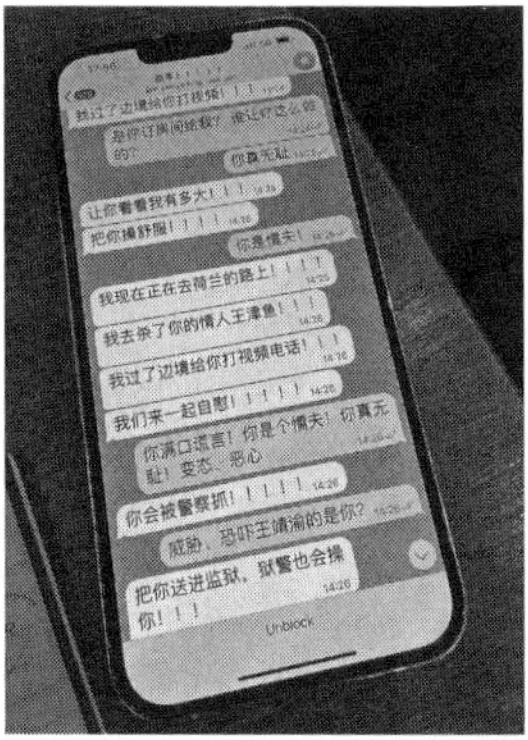


**レイプや殺害を予告する脅迫メッセージ**

蘇雨桐が受けた被害も、その一環であろうと思われた。

## 難民を買収して脅迫させる手口

ところで、彼女に対する嫌がらせ犯の素性はすでに明らかになっている。

犯人の正体は、なんと中国国内における「弱者」であった。

「名前はエルシン・エルキン（中国語では伊力森《イーリーセン》・艾尔肯《アイアルケン》：Yilisen Aierken）。新疆ウイグル自治区出身の、カザフ族の難民の男です」

新疆の少数民族問題は、一千万人以上の人口を持つウイグル族が注目されがちだ。しかし、同じテュルク系のムスリムである人口百五十万人ほどのカザフ族も同様の迫害を受けている。二〇一八年には強制収容所行きを逃れたカザフ族の女性、サイラグル・サウトバイが海外に亡命し、弾圧の詳細な実態を暴露して国際ニュースになった。

蘇雨桐を脅迫したエルシンは、二十五歳前後の若者だった。彼の名前をインターネットで調べると、亡命後に報じられた西側メディアの記事がいくつも見つかる。

いわく、二〇一九年に新疆を命がけで脱出してカザフスタン経由でウクライナまで逃げた話、亡命が受け入れられないことで中国に強制送還される恐怖を訴える話、それでも自由の地にやってきた喜びを口にして中国の体制を批判する話、コロナ禍による難民の困窮を伝える話――。

だが、二〇二二年二月にロシア軍による侵攻を受けたウクライナを離れ、ポーランド国境まで逃げ延びたことを伝える報道を最後に、エルシンについて公《おおやけ》の情報は途絶える。

それから数カ月後、彼が再び姿を見せたのはポーランドの西の隣国であるドイツだった。しかも、かつて決別したはずの中国当局の尖兵になり、反体制派の在外中国人に対する「殺し屋」として現れたのだった。

「それまでは私も、報道を見て気の毒な亡命者がいると思っていたんです。しかし、エルシンはおそらく生活苦から、中国側に買収された」

蘇雨桐は話す。ちなみに新疆では、少数民族に対する同化政策として中国語教育が盛んにおこなわれているため、若い世代であればカザフ族でも中国語を流暢に話せる。当然、テレグラムを使って脅迫メッセージを送ることもできる。

ちなみに、エルシンは蘇雨桐のほかに、オランダに住む二十一歳の亡命中国人活動家の王靖渝《ワンジンユィ》（後述）にも殺害予告を繰り返していた。エルシンは彼にこう言ったという。

「貴様（＝王靖渝）を血祭りにあげて、蘇雨桐をレイプして殺せば、中国政府が俺をロシア経由で安全に故郷に送ってくれる。仕事の褒美として、故郷で結婚相手と自動車をあてがってやると言われたんだ」

## 「中国共産党が俺に送ったカネだ！」

もっとも、過酷な亡命生活に耐えかねて当局の飼い犬になったエルシン自身も、精神的に不安定な状態にあるようだった。蘇雨桐は言う。

「ある夜、錯乱したエルシンがメッセージを送ってきた。麻薬を濫用しているらしく、精神的に消耗している印象でした。そこで彼を挑発して経済力を自慢させるよう仕向けたんです。すると『俺は生活に困っていない！』『中国共産党が俺に送ったカネだ！』と、なんとウェブマネーの受領画面のスクリーンショットを送信してきました」

保存した画像を見せてもらう。金額はUSDT建ての三千四百三十二テザー（約五十二万円。USDTはレートが米ドルと連動した仮想通貨）で、受領の日付は二〇二二年十二月二日。振込み元はZhang Ran（張髯《チャンラン》）という人物だった。

結果、この軽率な行動によって背後の命令者の存在が判明する。わざわざアシがつきにくい仮想通貨で工作資金を送ったはずなのに、実行犯であるカザフ族難民・エルシンの人材の質が低すぎたことで、実態が明るみに出てしまったのだ。

命令者の張髯は、ドイツ西部の街であるケルンで中華レストランを経営しており、この店舗が中国の海外派出所を兼ねていた。彼は端金《はしたがね》で言いなりにしたエルシンを、工作活動の鉄砲玉として運用していたのである。

エルシンは逮捕され、私の現地取材の時点（二〇二三年五月中旬）でも留置中だった。いっぽう、不利を悟った張髯は、警察の取り調べが寛容な隣国のオランダに移動してあえて自首し、「中国の警察官を詐称した」ことを自白した。

オランダ警察はこれに対して「ＥＵ諸国の警察官を詐称したわけではない」ことを理由に、すぐに張髯を釈放してしまったという。

## 虚偽の爆弾テロ情報を流した中国大使館

いっぽう、エルシンのもうひとつの攻撃ターゲットにされた、二十一歳の王靖渝の状況も深刻だった。

私は欧州取材にあたり、日本を出国する前に彼に連絡を入れていた。王はオランダ在住だが、私の現地滞在期間の前半に同じＥＵ圏内のフィンランドに行く用事があり、両国のどちらで取材をおこなうかは私のドイツ到着後に決めることになっていた。

　ところが、往路の機内でもＷｉ－Ｆｉを使ってチャットを続けていたはずの彼は、私の搭乗機がフランクフルト空港の上空に近づいた五月六日午後三時ごろから、突然連絡がつかなくなった。はじめは先方のスマホの電池が切れたのかと思ったが、翌日の夜になってもこちらが送ったメッセージに既読表示がつかない。

　不審に思っていたところ、五月八日の午後にようやく返信があった。

「すまない。仲間とヘルシンキの中国大使館に抗議に行ったらフィンランド警察に逮捕された。勾留中にスマホを押収されていて、さっき釈放されたからやっと連絡できたんだ。中国大使館員が、俺たちが爆弾を持つテロリストだとニセ通報を仕掛けやがった」

　この事件については、やがて五月十一日付のアメリカ政府系メディア・ＲＦＡ（自由アジア放送）の中国語版に詳しい記事が出た。事情は以下のようなものだった。

〈先日、欧州で活動していた中国の海外派出所関係者とみられる人物がフィンランド国家捜査局（ＫＲＰ）により逮捕されたことを受け、中国反体制人士の王靖渝が、容疑者の確認のためフィンランド警察による招きを受けた。〉

〈二〇二三年五月五日、フィンランドに到着した王靖渝が、もう一名の亡命反体制人士である趙雲庭《ヂャオユンティン》とともに中国大使館に抗議に向かったところ、大使館側は彼らが正常な大使館業務を妨害していると主張してフィンランド警察に通報。フィンランド警察は二名に事情を聞いた上で釈放した。しかし翌日、二名が再び大使館前に抗議に向かったところ、警察官が彼らを拘束。翌日、二名が重大犯罪に関与しているとして正式に逮捕した。〉

〈王靖渝が取調べ中に伝えられたところでは、「Zhang Kui《ヂャンクイ》」という中国大使館員から、二名が爆発物を所持しており、恐喝や強盗に関与しているとの通報があったという。〉

(https://www.rfa.org/cantonese/news/bomb-05112023112424.html)

　蘇雨桐のエピソードでも紹介したように、虚偽の爆弾テロ情報で他国の警察を動かす嫌がらせは、ＥＵ圏における中国の海外派出所の常套手段だ。

　まがりなりにも大使館員が、接受国の警察に対して堂々とニセ通報をおこなっていたとすれば、事態はさらに深刻である（ＲＦＡ側の取材に対して、中国駐フィンランド大使館は「Zhang Kui」という大使館員の存在それ自体を否認している）。

## 日本のホテルにも虚偽の爆破予告が

「すまないね。そういう事情だったんだ。連中はメチャクチャなことをやるからな」

ＲＦＡの記事が出た五月十一日、オランダのアムステルダム中央駅で落ち合った王靖渝はそう話した。背の高い現代風のファッションの若者で、斜視がある。少年期のニキビによる肌荒れがまだ治癒しきっていないらしく、頬の肌がでこぼこしていた。

彼は重慶市の比較的裕福な家の生まれだ。父親は空軍の元軍人だったが、中国の体制に不信感を抱いており、息子の王靖渝を自国の愛国主義教育からすこしでも遠ざけるためにインターナショナル校に通わせて育てた。

王靖渝はまだ十七歳だった二〇一九年七月、抖音《ドウイン》（中国版ＴｉｋＴｏｋ）に香港デモを支持する動画を発表したことで、十代にして亡命生活を余儀なくされた。

やがて二〇二一年二月、『新浪微博《シンランウェイボォ》』（中国のＳＮＳ）に人民解放軍の兵士をからかう投稿をしたことで中国政府の国際指名手配を受ける。同年四月にトランジット先のドバイで逮捕されて強制送還になるところだったが、アメリカ政府がアラブ首長国連邦に圧力を掛けてかろうじて釈放された。その後はＥＵにおいて難民申請が認められ、オランダで亡命生活を送っている。

「俺がドバイで逮捕された際、『人民日報』や国営放送のＣＣＴＶが『王靖渝をついに逮捕した』と大きく報じたが、結果的に釈放された。中国共産党はそれでメンツを失ったから、絶対に俺を潰したいと考えているんだと思う。ネットでも割と影響力があるしね」

　王靖渝はまだ若いだけに、ＳＮＳでの「バズり」を狙うためか不必要に中国当局を挑発する傾向がある。だが、だからといって迫害を受けていい理由にはならない。

「オランダでは就職や就学もできないんだ。職場や学校に『こいつは爆弾魔だ』と必ずニセ通報が行くんだぜ。それどころか、住居の大家にもニセ通報があるから、同じ家に長く住むこともできない」

　ドイツの蘇雨桐のケースと同じく、何者かによって世界中の高級ホテルに自分の名でニセ予約を入れられることも多い。この場合、ホテルに虚偽の爆破予告がなされることも、警察に爆弾魔としてニセ通報をおこなわれることも両方あるようだ。

　日本が関係した事件もあった。

「二〇二三年一月ごろ、東京の西新宿三丁目交番から国際電話が来た。俺の名義でパークハイアット東京に予約された部屋に、爆弾を仕掛けたと予告があって、ホテル側からの通報を受けたって。日本人の警察官は英語がほとんどできず、事情を説明するのに苦労した。

俺のガールフレンドは日本語を話せるから、途中から彼女に通訳してもらったよ」

明らかな威力業務妨害だ。のみならず、政治的な動機にもとづいて経済活動や公共サービスを意図的に混乱させ、第三者に損害を与える行為は、通常は「テロ」と呼ばれる。

すでに中国は、日本に対して堂々と国際テロを仕掛ける国になっているのだ。

## 半年続いた殺害予告

王靖渝はさらに、海外派出所の手先から複数回の殺害予告を受けた。

犯人の一人は、ドイツで蘇雨桐を脅していた新疆出身のカザフ族難民のエルシンだ。

最初の連絡は二〇二二年六月九日だった。

「テレグラム経由で『俺はもう生きていたいとも思わない。道連れにしてやる』『いまナタを持っている。これで斬り殺す』みたいな、具体的なメッセージが次々と送られてきた」

このとき、エルシンははじめドイツ国内にいたようだが「今日、オランダに行ってお前を殺す」「いまハンブルク駅で列車を乗り換えている」などのメッセージとともに、車窓の動画やスマホの位置情報を続々と送りつけてきた。さらには「逃げるな」と話すエルシン本人の音声メッセージや、国際列車のシートに座っている自分を撮影した動画も送ってきた。私が実際に録音を聞かせてもらったところ、彼の声はやや高く、くぐもっていた。

「ナタはどうやって持っているんだ？　と聞いたら『カバンに入れている』と答えたよ。俺はオランダの警察に通報して、当時の自宅を離れて三カ月もホテルに避難するハメになった。経済的にかなりしんどかった」

ちなみに、エルシンはこのとき王靖渝の自宅のすぐ近くまでやってきたものの、オランダ警察に逮捕されなかった。

理由はEUの警察事情だ。EUの加盟国間では出入国管理が撤廃されており、外国人でもパスポートチェックや税関審査をいっさい受けずに国境を越えられる。しかし、いっぽうで警察権は各国で分かれている。

**殺しに向かう途中、エルシンが送ってきた本人の動画**

そのため、殺人予告のような軽犯罪の容疑者は、現行犯での逮捕さえ免れれば、国境を越えて隣国のドイツやベルギーに移動するだけで事実上のお咎めなしになるのだ。

ゆえにエルシンからの脅迫はその後も続いた。

王靖渝がハーグに移り住んだ同年十一月にも、

再び同様の脅迫と追跡が繰り返された。当時のエルシンのメッセージは、たとえば以下のような内容である。

**「俺は中国政府の人間だ。警察は怖くない。俺は国連が認定した難民で、精神病の診断を受けている。お前のガールフレンドをレイプして、お前を殺してやる」**

**「俺はクライアントに忠誠を尽くす。俺の祖国は中華人民共和国だ。祖国のために働けることは光栄だ」**

**「六月のときみたいに、運良く逃げられるとは思うなよ」**

この事件から約一カ月後、エルシンはベルリンに住む蘇雨桐に自分の金主の情報を不用意に漏らす失策を犯して逮捕され、彼による殺害予告はようやく止んだ。逆に言えば、半年近くにわたり、本当の殺人事件が起きてもおかしくない状況が野放しにされていた。

西側先進国の「自由」な社会は、中国による反体制派の追い込みには好都合だった。

**「俺は中国の国家安全部員だ」**

「こっちは俺を殺しにきた別のヤツが、オランダの警察に捕まったときの動画だ」

　王靖渝の話は続く。殺害予告と追跡の実行者はエルシンだけではなかった。

　彼が見せてくれた動画は、二〇二二年十一月七日にハーグ駅構内のスターバックスを店外から撮影したものだ。窓際の席に座っている男に、オランダの警察官が職務質問をおこなう様子が確認できる。

「前日の十一月六日、ドイツの国番号の携帯電話から着信があったんだ。出てみたら『オレは中国の海外警察だ。お前を殺す』というんだよ」

　この犯人とは、テレグラム経由でも同様のやりとりをおこなっていた。

　保存された会話のスクリーンショットを見せてもらう。

脅迫者：おい王靖渝のクソ野郎。俺は中国の国家安全部員だ。今夜お前の家に行ってブッ殺す。
　　　　じきにハーグに着く。

王靖渝：来るならさっさと来いよ。

脅迫者：警察に通報したのか？　なんでも通報か、ヘタレ野郎め。

王靖渝：お前はバカなのか？

海外派出所の大本《おおもと》である公安部と、諜報機関である国家安全部は部署が異なる（それぞれ日本でいう警察庁と公安調査庁に相当する）。犯人はそれらの肩書を同時に名乗っている点からも、明らかにプロの工作員ではない人間だった。

このやりとりの後、くだらない挑発に乗った犯人は、自分が殺害予告をおこなったはずの王靖渝にハーグ駅のスターバックスで対面することを要求する。王靖渝はそれに応じるふりをして警察に通報。オランダの警察官十人と店舗に向かったところ、犯人は本当に店内で待っており、即座に逮捕された。スターバックスの机の上に置かれたノートパソコンのディスプレイには、王靖渝の父親の画像が表示されていたという。

犯人はエルシンとは異なり、二十代前半の漢民族とみられる男だった。事件はドイツや台湾のメディアでも報じられた。

「犯人は正規の在留資格を持つ、ドイツのアーヘン大学大学院で学ぶ中国人留学生だった。英語も上手な高学歴者だったよ。なのに逮捕の際にものすごく抵抗して、『中国人が中国人を罰するのは犯罪ではない』『自分は法を犯していない』と主張し続けていたんだ」

一昔前とは異なり、最上位層を除く近年の中国人留学生の平均レベルは低下している。

中国国内の苛烈な受験戦争や就職難を回避させたい両親が、子どもを海外に送り出す事例が増えているためだ。

中国国内では過去十年間の習近平体制下で、党によるイデオロギー教育と言論統制が強化された。祖国で甘やかされて育ち、思考の柔軟性も低い若者のなかには、たとえ高学歴者でも、中国国内における「政治的に正しい」価値観を変えられない人物が多くいる。こうした人々は、中国よりも「小さい」国家であるドイツやオランダや日本などに対して、いっそう傲慢な姿勢を取りがちだ。

加えて言えば、世間知らずの学生が命じられるままに触法行為に手を染める構図は、日本の闇バイトとも通じる。上位者の指示に対して批判的な思考を持たない習慣が内面化されている点では、日中両国における若者の判断力はあまり変わらない。

さておき、中国の海外派出所の工作活動は、こうした視野の狭い一般人たちを尖兵にすることで担われている。

## 日本もEUのようになるのか？

英語が話せるZ世代の王靖渝は「取材映え」する人物であり、ゆえに彼の告発は欧米圏のメディアに取り上げられやすい。そのため、近年のＥＵ諸国では中国の工作活動がしばしば報じられるようになっている。

いっぽう、二〇二二年にはオランダのテレビ局ＲＴＬの元駐北京特派員であるマリジェ・ヴラスカンプの名前をかたって、オランダ国内で複数のニセ爆破予告が仕掛けられる事件が起きた。中国による嫌がらせ工作は、蘇雨桐や王靖渝のような亡命中国人だけにとどまらず、現地人のジャーナリストにすら矛先が向きはじめている。

二〇二三年五月二十三日にオランダのウォプケ・フークストラ外相が訪中し、当時の秦《チン》剛《ガン》外交部長と会談した際の記者会見では、オランダの主要紙『デ・フォルクスクラント』の記者が、中国の海外派出所のニセ爆破予告問題について秦剛にただす一幕もあった。もちろん、秦剛は中国政府による関与を否定している。

海外派出所による工作活動は、ＥＵ圏ではすでに社会問題として広く認知されつつある。

ならば、同様の工作は日本ではおこなわれていないのか？

残念ながら、すでに事態が確認されている。こちらは章を改めて見ていくことにしよう。

# 第二章
# 共産党幹部の個人情報を暴露したハッカーたち

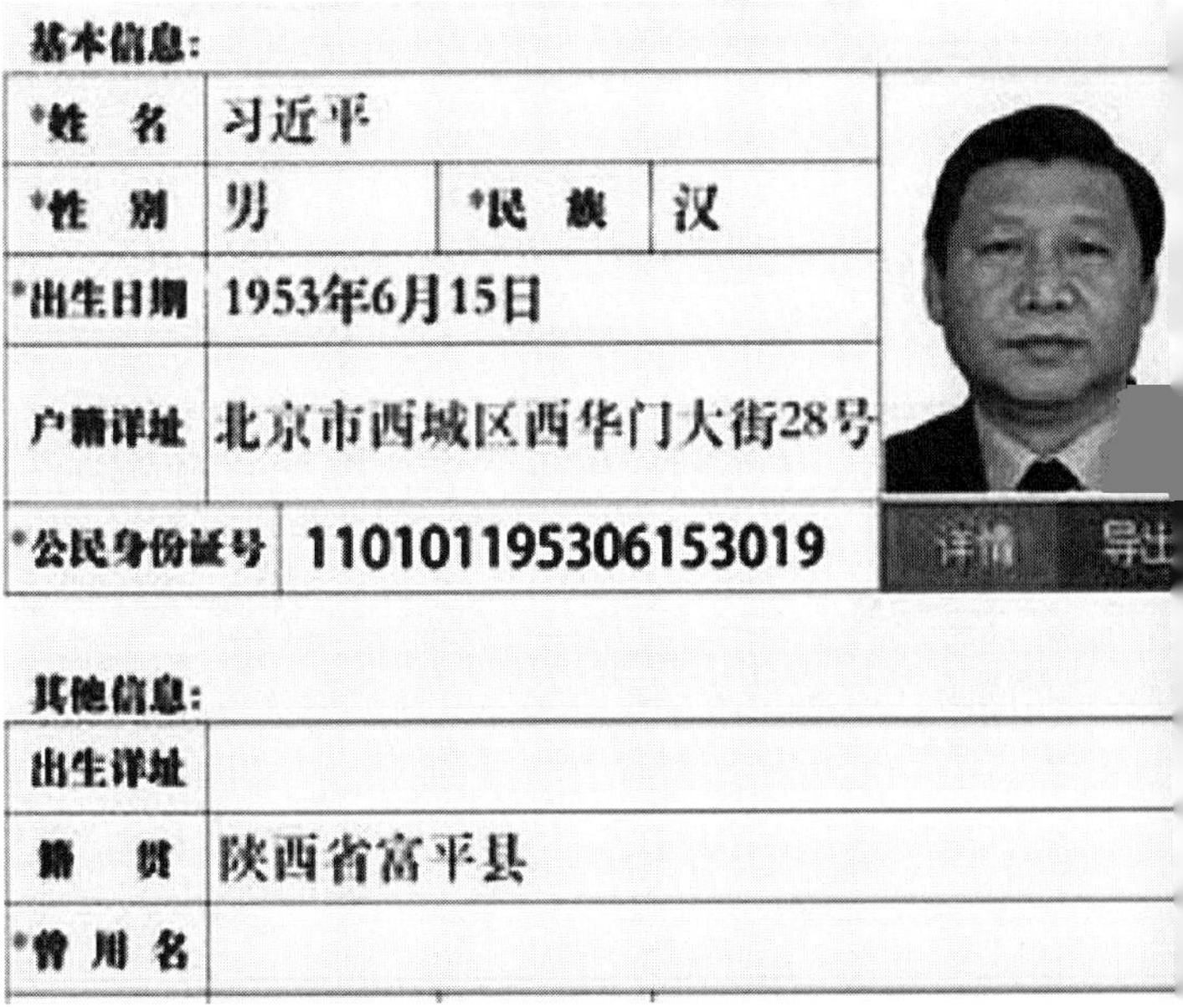

基本信息:

| | | | |
|---|---|---|---|
| *姓　名 | 习近平 | | |
| *性　别 | 男 | *民　族 | 汉 |
| *出生日期 | 1953年6月15日 | | |
| 户籍详址 | 北京市西城区西华门大街28号 | | |
| *公民身份证号 | 110101195306153019 | | |



其他信息:

| | |
|---|---|
| 出生详址 | |
| 籍　贯 | 陕西省富平县 |
| *曾用名 | |

流出した習近平の個人情報。戸籍登録地や身分証番号が確認できる。

## 習近平の身分証番号をネットに晒した男

「中国東北部訛りの言葉を話す、龍が描かれた黒いシャツを着た中年の男二人が、僕の家に来て恫喝してきたんだ」

二〇二一年七月末、私にそう伝えたのは、当時二十六歳の中国人留学生の肖彦鋭《シャオイエンルイ》だ。

彼はまだ学生とはいえ、中国公安部の海外逃亡犯罪者リストに名前を載せられている政治犯で、この時点では日本に生活の拠点を置いていた。

主たる罪状は「ウェブサイトを立ち上げ中国公民の個人情報を違法に侵犯した」こと。他に暴動扇動、違法なインターネット情報の利用、ネット技術を用いた犯罪の幇助、ハッキング、情報システムの破壊とその教唆、著作権侵害、カジノの開設、国家機密漏洩、証拠隠滅、誹謗中傷など数々の容疑にも問われている――。だが、カジノの開設など、すくなくとも一部については完全に冤罪である。

なぜ、彼は中国当局からそこまで目をつけられているのか。

理由は彼が留学先の日本を拠点に、習近平をはじめとした中国共産党の高官やその家族らの個人情報を暴露するサイトを運営していたためだった。

彼を中心とするネットユーザーたちのグループは「悪俗圏《アースーチュエン》」と呼ばれていた。一昔前に話題になった国際ハッカー集団のアノニマスや、機密公開サイトの『ウィキリークス』の中国版、と説明すれば多少はイメージが湧きやすいかもしれない。

日本国内には肖彦鋭を含めた悪俗圏のメンバーが何人か潜伏しており、私は二〇一九年末から彼らと接触を続けてきた。そして、情報に信が置けると確信した二〇二一年七月、月刊『文藝春秋』（八月号）で彼らの事件の詳細を報じた。

すなわち、習近平の身分証番号がすでにネット上で公開されていることや、悪俗圏系のサイトが習近平の娘や蔡奇《ツァイチィ》（二〇二二年十月より党常務委員）の親族らの個人情報を暴露して掲載していることを伝える内容である。

**カナダのトロント市内で筆者の取材に応じる肖彦鋭**

## 隠れ家に現れた黒シャツ男

すると、記事の公表から約二十日後の七月三十日、肖彦鋭の自宅に謎の男たちが現れた。

当時、彼は滋賀県草津市内の戸建ての賃貸住宅に住んでいた。謎の男の一人は付近の駐車場、もう一人は住宅の前に陣取り、盛んに写真を撮ったり電話を掛けたりしていたという。

中国が海外で工作活動をおこなう場合、専門の工作員を本国から送り込むより、現地の一般の在外中国人を動員するケースが多い。ゆえに謎の黒シャツ男たちも「中華料理店のオヤジのような」野暮ったい雰囲気で、慣れない仕事に緊張している様子だったという。肖彦鋭は話す。

「男たちの口調は激しかったけれど、『お前は中国の法を犯した！』『逃げられると思うな！』と怒鳴るだけ。僕が『どういう法を犯したっていうんだ？』と尋ねても、同じ言葉を繰り返すだけだった。彼らはおそらく、僕が『習近平の個人情報を暴露するサイトを運営していた』ことは知らず、恫喝だけを命じられたのだと思う」

では、男たちの正体は何者か。

肖彦鋭の見立ては、悪俗圏事件を主管する広東省茂名市の公安局が、日本国内にある出先機関を通じて、在日中国人の民間協力者を差し向けたというものだった。

茂名市公安局は、中国国内では他の公安局が嫌がる事件を引き受ける「汚れ仕事担当」として知られ、ゆえに悪俗圏事件を担当したとされる。だが、もうひとつの理由は、おそらく同局の海外案件への対応能力が買われたためだ。茂名市は広東省の西部に位置し、全世界に百十万人以上の華僑を送り出している僑郷のひとつである。

茂名市公安局の海外展開の状況は不明点も多いが、ドイツで海外派出所を盛んに展開する浙江省麗水市青田県で始まった「検僑之家《ジエンチャオジージャー》」（華僑向け民事紛争解決出張所）というプロジェクトを採用している事実は確認できる。彼らが、日本国内において非公開の出先機関を持っていたとしても、さほど奇とするにはあたらない。

**肖彦鋭の隠れ家にあらわれた黒シャツ男**

むしろ大きな謎は、黒シャツ男たちが肖彦鋭の自宅を突き止めた方法だった。

当時の肖彦鋭は転居からほどない時期で、中国大使館や総領事館に新住所を届け出ていなかった。しかも肖彦鋭は隠れ家の場所を周囲に漏らしたりはしていなかった。

「当時、確実に僕の住所を知っていたのは、学費の納入などで郵便物を送る必要があった留学先の大学くらい。学生の個人情報にアクセスできる立場にある中国人の教職員が、僕の住所を当局に差し出したとみている。いちばん蓋然性が高い推理なんだ」

当時の彼の留学先は、滋賀県南部にキャンパスを置くマンモス私大だった。伝統的に日中友好活動に熱心な大学であるため、中国人の教職員は多い。第一章でみた産学提携団体の事例からもわかるように、彼らが学生の個人情報を中国当局に密告することは自然な話だ。

肖彦鋭はこの一件の後、このまま日本にいては暗殺される懸念があると考えた。そこで二〇二一年九月にカナダに亡命し、現在は現地当局の保護を受けて暮らしている。

本章では、この騒動の原因となった悪俗圏事件を紹介しつつ、そこから浮かび上がった中国の日本に対する新たな脅威の実態を見ていくことにしよう。

## デジタル監視社会を逆手に取る

二〇一〇年代のなかば以降、中国社会が迎えた最も大きな変化は、スマートフォンの普及を背景とした社会のデジタル化である。

鉄道の切符購入や各種の行政手続きなど、往年は利用者の長蛇の列が常態化していた中国ならではの光景は、スマホを用いた手続きの導入で一気に解決された。かつては高額な通話費用が必要だった遠距離通信も、テンセント社が開発した国民的なコミュニケーションアプリである微信《ウェイシン》（ＷｅＣｈａｔ）を通じてタダでおこなえるようになった。

他にも、買い物の際のニセ札の横行や金額のごまかしはアリペイやＷｅＣｈａｔペイを用いたＱＲコード決済で、欲しい商品がなかなか見つからない問題や売り手を信用できない問題は淘宝《タオバオ》などのＥＣ（電子商取引）サービスで、タクシーのぼったくりや安全性に欠けた運転は滴滴《ディディ》などの配車サービスで、いずれも劇的に改善された。

いっぽう、全国に約二億台ともいう大量の監視カメラが設置され、キャッシュレス決済の普及によって金銭の流れが透明化されたことで、中国は「悪いこと」を非常にやりにくい社会になった。ゆえに現代の中国人の大部分は、デジタル技術の導入を通じた社会の効率化と治安の向上を肯定的にとらえている。

――もっとも、これらは政府による国民監視が劇的に容易になったことも意味する。

たとえば、個人の銀行口座の残高や携帯電話の番号は、ＩＣチップが埋め込まれた身分証（第二代居民身分証《ディーアルダイジュイミンシェンフェンヂェン》）に記された番号（公民身份号碼《ゴンミンシェンフェンハオマー》）と紐付けされ、すべて当局に把握されるようになった。スマホのＧＰＳにもとづく位置情報、微信の通信内容や配車サービスの使用履歴といった生活上の情報も、当局に筒抜けとなっている。

街に無数にある監視カメラは、身分証の顔写真データを参照する顔認証機能によって、道行く人々の個人特定が可能だとされる。身分証は移動や宿泊のたびにカードリーダーに読み込ませる必要があり、そのデータは公安局に送られる――。

つまり、十四億人の中国国民が、それぞれ航空機や高速鉄道のどの便に乗りどの座席に座ったか、どのホテルの何号室に宿泊したかといった情報はすべて、即時に当局の出入境《チュールージン》系統《シートン》と呼ばれるデータベースに記録されている。出入境系統は本来は出入国管理のデータだが、国内における移動も記録するのだ。

また、あらゆる警察官に「警務通《ジンウートン》」と呼ばれる情報端末が配備された。何度かのヴァージョンアップを経て、現在はスマホに似た端末が使用されている。こちらに身分証番号を打ち込めば、クラウド上にある全国民のデータベースから当該人物の戸籍情報や顔写真が表示され、瞬時に相手の身元を調べられる仕組みである。

二〇二二年、中国の治安維持費用は過去最高額の千九百六十四億元（約四兆百五十億円）規模に達した。この膨大な費用が、人類史上で未曾有となる十四億人を対象とした巨大な監視社会を支えている。

もっとも、急速にデジタル監視体制の整備が進んだことで、意外な弊害が発生した。

それは、本来ならば国家機密に属する党の最高幹部の個人情報すらも、データベースに含まれていたことだ。彼らも中国の国民である以上、情報管理の網からは逃れられない。

結果、驚くべき事件が発生する。

二〇一八年ごろから、各種の手段で入手した党の高官やそのファミリーの機密情報をインターネット上に公開する行為（ドキシング）を通じて、党体制に対するレジスタンスをおこなう若いネットユーザーのグループが出現したのだ。

肖彦鋭をリーダーの一人とする、悪俗圏である。

## 簡単に特定された習近平の身分証番号

「中国のネットユーザーの間で、習近平の身分証番号が特定されたのは二〇一八年九月のことだった」

二〇二一年五月、肖彦鋭は滋賀県近江八幡市のガストでそう説明した。

「こちらについては、僕らがやったわけじゃない。なぜなら技術的には非常に簡単で、誰でもできることだからだ。彼に限らず、中国人の身分証番号は十八桁の番号のうち十四〜十五桁までは容易に予測できる。このルールは国家指導者だって例外じゃない」

すこし補足が必要だろう。

中国の身分証番号は十八桁あり、日本のマイナンバーの十二桁よりも多い。

しかし、番号が完全にランダムに選ばれるマイナンバーに対して、中国の場合は最初の六桁は本人の戸籍登録地の地域コード、次の八桁は本人の生年月日となっている。

ゆえに、たとえ国家指導者である習近平の身分証番号であっても、まず先頭の六桁については、要人居住区の中南海がある北京市西城区などの該当しそうな地域番号がいくつか予測可能である。次の八桁は生年月日なので、一九五三年六月十五日生まれの習近平の場合は「１９５３０６１５」で間違いない。最後の四桁のうち一桁は性別により奇数と偶数が分かれるため、完全にランダムな数字はたった三桁だけである。

つまり、中国国民の身分証番号は、いかなる重要人物のＩＤであろうと「四桁のダイヤル錠」以下の秘匿性しかない。根気さえあれば手計算でも解析できてしまうのだ。

## 原始的すぎる国民管理制度

デジタル大国とされる中国に、ここまで巨大なセキュリティの穴が存在する理由は、現在の中国の身分証番号制度が、本格的なネット時代をまだ迎えていない二十世紀末に設計されたことが関係している。

二十世紀末の中国は、一人あたりＧＤＰがわずか八百七十三ドルほど（同年の日本は約三万六千二十六ドル）の発展途上国だった。十二億人以上の国民人口に対して、ネット人口はたった六百七十万人にすぎず、個人情報保護の概念を知る人さえ限られていた時代である。そのため、とにかく国民一人ひとりに管理番号を割り振れるならばそれでよしとばかりに、ごく簡単な仕組みの身分証番号制度が作られてしまった。

そして二〇〇三年、この身分証番号を用いたＩＣチップ入り身分証（第二代居民身分証）の交付が開始され、国民に対する電子管理の原型が産声を上げた。

近年の中国の急激なデジタル化は、いわゆるリープ・フロッグ（カエルの跳躍）現象の典型例として知られる。これは基礎的なインフラが整備されていない発展途上国が、新技術の導入によって一気に最先端に到達する現象のことだ。中国の場合も、各家庭に固定電話すら普及していない状態から、いきなりサイバー先進国になってしまった。

だが、そうであるがゆえに、前世紀末に極めて粗雑な設計で作られた身分証番号が、いまやあらゆる個人情報と紐づけされてデータベースで管理される現象が生じた。

「推測した身分証番号が本物かを確かめるいちばん簡単な方法は、その番号を使ってテンセント社のウェブサービスに新規ユーザー登録をすることなんだ」

肖彦鋭は話す。テンセント社は中国の最大手ＩＴ企業で、中国人の大部分が利用するコミュニケーションアプリの微信やＱＱの提供元だ。同社の利用者情報は、中国公安部のデータと直結している。

「有効性をテストしたい身分証番号を用いて、同社のゲームサービスの『テンセント・ゲームズ』に新規登録をおこなう。すると、自動的に公安部のデータを参照してくれるから、仮に習近平の場合ならば『＊＊平』と名前の一部が画面に表示される。これで番号が正しいかの見当がつくわけだ。いまは、みんなが面白がって習近平の身分証番号で新規ユーザー登録をやったせいで、彼の番号についてはこの手が使えなくなったけどね」

民間企業が公安部と完全に情報を共有するという、日本では考えられない監視社会の仕組みをあべこべに利用するのだ。

このようにして明らかになった習近平の身分証番号は「１１０１０１１９５３０６１５３０１９」である。地域コードは北京市西城区西華門大街であった。

## 習近平の娘のパスポート番号も流出

肖彦鋭たちはやがて、身分証番号に紐付けられた習近平の戸籍情報を得ていった。

「僕たちの仲間のアメリカにいるグループが、内輪でお金を出し合って六千元（約十二万円）を集め、何人かの仲介者を挟む形で、警察官の『警務通』端末で検索して表示された習近平の個人情報を買い取ったんだ」

これによって習近平の戸籍登録地や顔写真、学歴などが確認された。

「物価が高い上海の警察官は、給料が安くて困っているから買収に応じやすいんだ。部署は交通警察が多い。彼らは『警務通』経由のデータだけじゃなく、職場のパソコンで住民の個人情報にアクセスして、その画面をスマホに撮影した画像を売る場合もある」

全国民の個人情報を検索できる情報端末が最末端の警察官にまで配備されたことで、安月給を補填するために市民の個人情報を売り飛ばす不良警察官が大量に生まれてしまった。

情報を買い取って顧客に転売しているのは、カンボジアなどに拠点を置く中国人業者たちだ。彼らに政治的な動機はなく、然るべき対価さえ支払えば誰にでも個人情報を売るという。カンボジアは法治体制が脆弱な親中国家であるため、中国国内の監視社会化で仕事が難しくなったチャイナマフィアたちが巨大なコミュニティを作り上げている。

個人情報を買う顧客の多くは詐欺師やスパム業者だが、ヤミ金融業者からの需要もある。

すでに述べたように、中国では移動や宿泊の詳細な履歴（出入境系統）が公安局によって一括して把握されている。当局はこのデータを、反体制派への嫌がらせや逃亡犯の追跡などに活用しているのだが、実はヤミ金融業者が債務者に追い込みを掛けるうえでも非常に有用である。へタに民間の興信所を使うよりも、公安局の国民監視データを買い取るほうが、ターゲットを追跡する上ではずっと確実なのだ。

いっぽう、中国の警察の内部には、各種の権力闘争や習近平体制に対する反感を理由に、意図的にビッグデータを反体制派にリークする人々もいる。

「内部リークされた人口普査《レンコウプウチャア》（中国の国勢調査）のデータと、習近平の個人情報をもとに、習の娘の習明澤《シイミンゼェ》の身分証番号や携帯電話番号を入手した仲間がいた。出入境系統のデータからは、習明澤の顔写真とパスポートや香港マカオ通行証の番号も判明した。まもなく習明澤の携帯電話番号がネットに晒され、イタズラ電話が殺到して……」

明らかになったところでは、習明澤は一九九二年六月二十五日生まれ。情報が暴露されたニ〇一九年一月時点では楚晨《チュウチェン》という偽名を名乗っており、データ上の住所は浙江省杭州市西湖区のとあるマンションとなっていた。ちなみに浙江省は、習近平が二〇〇二年から二〇〇七年まで省の党委員会書記（省のトップ）として赴任していた土地である。

肖彦鋭ら悪俗圏の仲間は、こうした情報をネット上で暴露し続けた。

## ネット規制の強化に対抗する

悪俗圏はもともと、インターネットの巨大掲示板群のコミュニティが発祥である。この巨大掲示板群は、二〇〇三年十二月にサービスが開始された『百度貼吧《バイドゥティエバ》』のことで、日本でいう『2ちゃんねる』（2ch。現・『5ちゃんねる』）に近い存在だ。ただし百度貼吧は2chと異なり、ユーザーがスレッド（貼子《ティエツ》）のみならず「吧《バ》」と呼ばれるコミュニティそのもの（2chの「板」に相当）も作成することが可能だ。ゆえに、2ch以上に多岐にわたる話題が包摂されている。

百度貼吧の熱気が最高潮に達していた二〇一二年末、サイトのアクティブユーザー数は公称二億人に達し、四百五十万カテゴリーもの「吧」が作られた。ユーザーは青少年が多く、肖彦鋭自身も、ゼロ年代中盤の十二歳のときすでに百度貼吧の「ドラえもん」コミュニティの管理人を務めていたという。

いっぽう、一部のカテゴリーはオタク気質の「陰キャ」との親和性も高かった。誰も全容を把握できない巨大掲示板群のなかには、中国のオタクの間で人気が高い日本のアニメやゲームの話題だけでは飽き足らず、日本の2chやニコニコ動画などに由来する不謹慎ネタを受容したマニアックな人々が集まる「吧」もすくなからず存在した。

彼らはその内部で、タブーを無視して遊ぶティーンエイジャーの小宇宙を作り上げ、気に食わないユーザーや著名人の個人情報を暴露するような「遊び」を盛んにおこなっていた。二〇〇九年ごろ、中国の国内メディアで若者たちの「悪俗」を批判する記事が出たが、彼らはかえってそのレッテル貼りを喜んで「悪俗圏」を自称するようになった。

しかし、悪俗圏の遊び場は二〇一〇年代なかばから徐々に破壊される。前政権時代から始まったインターネット規制が、習近平政権下で急速に強まったためだ。投稿にあたって厳重な本人確認が要求されたり、投稿内容の規制が強化されたりしたことで、オタクたちが好む不謹慎な言論空間は維持できなくなった。

そこで、彼らは新たな居場所を作りはじめる。肖彦鋭とは別の、日本国内に住む悪俗圏関係者の男性は話す。

「二〇一二年、ネット上の不謹慎な事件や叩かれている人物をまとめた『悪俗維基《アースーウェイジー》』（悪俗ウィキ）というサイトが作られました。初代のサイトはすぐに消えましたが、翌年に肖彦鋭らが中心になって、同名のサイトを作りなおしたんです」

当初の悪俗ウィキは、芸能ネタから共産党体制に対する揶揄まで、ネット上の話題をなんでもまとめるサイトだった。だが、政治に関連するハイリスクな話題をサイト内で扱うかどうかでユーザーたちの議論が起きる。この関係者は続ける。

「そこで肖彦鋭は二〇一九年一月、サイトの運営やセキュリティを担当する牛騰宇《ニョウタンユィ》（後述）と、当時まだ十代だったハッカーの『Ｋ』との三人で協力する形で、中国共産党に対する敵対姿勢を前面に出した『シナウィキ』（支納維基《ヂーナーウェイジー》）を新たに立ち上げたんです」

　中国の露悪趣味的なネットユーザーたちは、抗日ドラマに登場する日本兵が使う「支《ヂー》那《ナー》」という自国への蔑称をあえて好んで使う。『支納維基』というサイト名の由来は、この「支那」と、中国語でナチスを意味する「納粋《ナーツィ》」を組み合わせたものだった。

　悪俗ウィキやシナウィキは、執筆権限を持つユーザーが自由に編集できるＷｉｋｉｐｅｄｉａに似た外観のオンライン百科事典だった。中国国内からサイトを閲覧するためにはＶＰＮという特殊な接続手段が必要だったが、ネットオタクの中国人青少年の間では刺激的なアングラサイトとして大評判になった。

　やがて在米中国人が運営する『ＲｅｄＣｈｉｎａ』（紅岸《ホンアン》）や『蜘蛛《ヂーヂュー》』、香港の政府職員や警察官の個人情報を暴露する『老豆搵仔《ロウダウワンザイ》』、メンバーの詳細は不明だが中国共産党員のドキシング（暴露行為）を続ける『孤児展覧館《グーアルヂャンラングアン》』など、類似のサイトやテレグラムチャンネルも多数あらわれた。

## 反政府デモ以上に強力な攻撃

ドキシング行為は「出道《チューダオ》」（デビュー）というふざけた隠語で呼ばれていた。党高官たちをネット上に「デビュー」させる、シナウィキやＲｅｄＣｈｉｎａのようなプラットフォームの隠語は「演藝公司《イエンイーゴンスー》」（芸能事務所）だ。

悪俗圏系サイトには、中国共産党や習近平を徹底的に茶化した画像や文章が数多く掲載された。さらに党高官や趙家人《ヂャオジャーレン》（党幹部のファミリー。魯迅の『阿Ｑ正伝』に由来する隠語）らが次々と「デビュー」させられた。なかでもＲｅｄＣｈｉｎａと蜘蛛は強力な組織で、公安局の内部から入手した約三億人分のデータを用いて、党高官らの個人情報を暴露し続けた。

「僕らの主たる目的は悪ふざけじゃなく、中国共産党体制に打撃を与えることだった。党高官や家族の本名とパスポート番号が明らかになれば、アメリカをはじめ海外の情報機関がチェックする。党高官が家族を海外に逃していることや、隠し財産なども明らかになる」

肖彦鋭は、ドキシングの動機をこう主張する。

中国共産党は結党初期に地下活動をおこなっていた伝統を持つためか、現在でも極端に秘密主義的な気風を持つ。中国国家を率いる立場である党政治局常務委員のメンバーですら、党や政府の公式情報では誕生日さえ紹介されていない。

ドキシングは道義的に問題が大きく卑劣な行為だが、中国共産党に対しては反政府デモ以上に強力な攻撃であることも確かだった。

## 華春瑩のお粗末な英語力も暴露

肖彦鋭とは直接関係がないＲｅｄＣｈｉｎａなどによるものも含めて、悪俗圏系のサイトで「デビュー」させられた中国の重要人物は多岐に及んだ。

二〇一九年までに限っても、習近平や習明澤・鄧家貴《デンジャーグイ》（習近平の義兄）ら最高指導者のファミリー、習近平の腹心で当時の全人代議長かつ党内序列三位の高官だった栗戦書《リイチャンシュー》とその家族、同じく習近平の腹心で当時は北京市の党委員会書記（現在は党中央政治局常務委員）である蔡奇《ツァイチィ》の息子の蔡爾津《ツァイアルジン》、新疆ウイグル自治区の当時の党委員会書記で少数民族弾圧を推し進めた当事者とされる陳全国《チェンチュエングォ》……。と、多少は中国に詳しい人ならば目を丸くするようなビッグネームが並ぶ。いっぽう、地方幹部や『人民日報』の副編集長など、党内での地位がさほど高くない幹部たちも、ことごとくドキシングのターゲットにされた。

「戦狼外交」の代表的人物の一人として知られる、外交部の女性報道局長である華春瑩《ホアチュンイン》の個人情報がネット上に晒されたのは、二〇一八年八月二十一日のことである。

ドキシングをおこなったのはシナウィキの元編集者で、蜘蛛の関係者でもある二十一歳の李恩杰《リィエンジェ》（仮名、年齢は当時）という青年だった。

「華春瑩の自宅の住所と家族構成、さらに個人で使用しているEメールの通信内容が判明した。華春瑩は個人のメールアドレスでも業務上のやり取りをおこなっていたが、外交部に勤務しているにもかかわらず、中学生レベルの英文法を間違えていた。娘の一人は二〇〇〇年七月生まれ。現在（取材時点）は北京××大学に在学中だが、成績はイマイチだ」

二〇二一年五月七日、アメリカ在住の李恩杰は、テレグラムの通話機能を通じた筆者の取材に対してこう証言している。

華春瑩や夫・娘らの身分証番号や携帯電話番号・職場や学校・自宅の住所といった情報は、現在もネット上に存在する悪俗圏系のサイトで確認できる。

華春瑩は被害をすでに警察に通報済みだという。

## 海外逃亡犯も指名手配

悪俗圏によるドキシング行為は、白紙運動（二〇二二年十一月にゼロコロナ政策に反対して中国全土で起きた反政府運動）に参加するようなZ世代の反体制派の中国人の間では幅広く知られている。ただ、当の「被害者」である党高官たちがおおやけに事実を認めることはあり得ないため、裏取りが極めて難しいことも確かである。

しかし、当局の行動からの推測は可能だ。二〇一九年春から大規模な摘発作戦が開始され、悪俗ウィキやシナウィキの運営関係者のほか、ページを閲覧しただけの人物も含めた二十四人の若者が逮捕されている。うち九人は、未成年だった。習近平の個人情報を売り飛ばした上海の警察官も、同年八月末にひそかに処分されたという。

二〇一九年六月十四日に海外逃亡犯として指名手配された肖彦鋭の主たる容疑も「ウェブサイトを立ち上げ中国公民の個人情報を違法に侵犯した」ことであり、シナウィキに記載された内容が事実だったことを間接的に物語っている。

もっとも、肖彦鋭は一連の悪俗圏系サイトを立ち上げた時期にはすでに日本におり、中国国内にいる母親が当局から恫喝されたものの、ひとまず本人や家族の安全は保たれている。

悲惨なのは、悪俗圏のもうひとりの中心人物である牛騰宇だった。

牛騰宇はもともと、中国のギークたちの間では有名な人物で、十六歳だった二〇一六年に中国の国民的な電子マネー決済システムであるアリペイのセキュリティバグを発見したという天才プログラマーだ。

彼はカリフォルニア大学に在学中の二〇一八年末に悪俗ウィキとシナウィキの運営に携わり、二〇一九年六月には日本にいた肖彦鋭と香港で落ち合って現地の逃亡犯条例反対デモ（同年の香港デモの初期の運動）に参加。それから日本を旅行して肖彦鋭と過ごした後、彼だけが一時帰国したところ、同年八月二十二日に自宅で友人とテレビゲームをしていた際に公安に踏み込まれて拘束された。

取り調べにおいて、牛騰宇は悪俗圏事件の主犯格として扱われた。やがて二〇二〇年十二月に騒動挑発罪・公民個人情報侵害罪・違法経営罪などの罪状で懲役十四年の判決を受け、翌年四月には控訴が退けられ刑が確定している。肖彦鋭はこう話す。

「牛騰宇はハッキングやドキシングを直接してはいなかった。彼はサイト運営の技術面の担当者で、政治色が強い人間じゃない。仲間の『Ｋ』の罪をかぶらされた面が大きい」

Ｋは十代のハッカーだ。父親が上海市の幹部、母親がアリペイの提供元でもある大手ＩＴ企業アリババの関連企業幹部という特権層の出身だったため、当局に協力することで逮捕をまぬがれた。かわりに罪を牛騰宇になすりつけたとみられている。

シナウィキを立ち上げた三巨頭のうち、肖彦鋭は日本におり、Ｋは当局に投降した。習近平ファミリーを侮辱した人物の逮捕に躍起になっていた公安側としては、牛騰宇を逮捕して一連の事件の主犯に仕立て上げなくてはならなかった。

ゆえに牛騰宇は悲惨な目に遭う。アメリカ政府系メディアのＲＦＡ（自由アジア放送）が二〇二一年春に報じた複数の記事によれば、牛騰宇は取り調べの過程で、全裸にされて陰部をライターで炙られる、天井から吊り下げられて殴打される、数日間睡眠を与えられないといった各種の拷問を受けたという。本人と面会した弁護士の証言によると、右手の指の数本が動かなくなり、全身が皮膚病で爛れていたとも報じられている。

「息子はコンピューター科学の才能があった。八歳でプログラミング言語のＣ++をマスターして、個人のホームページを作成していたほどで、自慢の息子だったんです。『悪俗ウィキ』には技術的な協力をしただけ。拷問も懲役十四年も、親として耐え難い」

二〇二一年五月八日、私がテレグラムの通話機能で連絡を取った牛騰宇の母親はそう嘆いた。

牛騰宇に下った重すぎる判決は、冤罪事件として在外中国人の民主派の間で騒がれ、ジャーナリストの蘇雨桐（第一章参照）らが彼の釈放を呼びかける運動をおこなっている。

## 中国共産党員データの大量流出

そして上記の取材から約二カ月半後、肖彦鋭は滋賀県草津市内で黒シャツ男たちから恫喝された。危険を察知した彼が、同年九月にカナダに亡命したことも前述の通りである。

現在、肖彦鋭はすでに悪俗圏の活動から引退しており、シナウィキも二〇一九年十月に閉鎖されている。ネット上にはいまでもシナウィキのミラーサイトが存在するが、肖彦鋭によるとすでに彼や昔の仲間たちとは無関係だという。

しかし、悪俗圏は明確な指導者なきネットユーザーのゆるい集合体だ。ゆえに現在は、世界各国に散らばった悪俗圏系のグループや個人が、各自で勝手に戦いを続けている。

彼らが動いたとされる事件もある。二〇二〇年十二月十四日付の豪紙『オーストラリアン』が、約百九十五万七千人分の中国共産党員の個人情報の流出を報じた一件だ。

流出したデータは、上海を中心にした約八万の党支部とそれらに所属する党員の名前・性別・民族・出身地・所属党支部・住所・党員番号・最終学歴と電話番号をカバーする詳細なものだった。さらに党の青年組織である共産主義青年団のメンバーリストも含まれていたとされる。肖彦鋭は事情をこう説明する。

「今回明らかになった党員らのリストは、ネットに繋がっていない環境で管理されていたデータだから、ハッキングを通じた流出じゃない。上海の党支部内にいる僕たちの内通者が、ハードディスクの故障による交換を口実にして、SDカードにデータを移して外部に持ち出したと聞いている。もちろん、悪俗圏の関係者が関わった事件だよ」

生活のために市民の個人情報を売った不良警察官とは異なり、今回の内通者は明確な反体制思想の持ち主だった。

流出後のデータの公開にあたり暗躍したのは、英語圏の某国で暮らす悪俗圏関係者の蘇《スー》鋳《チュー》（仮名）という若者だ。彼は二〇二一年五月七日、テレグラム経由での取材にこう証言している。

「Ｘｉａｏｌａｎ《シャオラン》という仲間と一緒に、データを入手してオーストラリア方面に流した。この件をオーストラリアのメディアがスクープした理由は、メディアに顔が利く呉《ウゥ》という現地在住の中国人民主活動家が悪俗圏と接点があり、タレ込みをおこなったからだ。呉本人は天安門世代の年配者だから、悪俗圏の活動には携わっていない」

いっぽう、この流出事件に対して、世界のメディアは中国共産党員の「浸透」を恐れる記事を書き立てた。

最初に情報を報じた『オーストラリアン』も、上海にあるアメリカ、イギリス、オーストラリアなどの在外公館や外資系企業に中国共産党員が多数勤務していることを伝え、機密保持上の脅威を訴えている。日本でも、日立やパナソニックの系列企業にそれぞれ数百人単位の党員が勤務していることが判明したことで、当時はちょっとした騒動になった。

もっとも、中国共産党員は約九千八百万人（二〇二二年末時点）もいる。現代の中国では成績良好で人格的に優れた大学生が党にスカウトされることが多いため、外資系企業に勤務するような優秀な人材が党員であること自体は驚くには値しない。今回の流出事件の最大の衝撃は、これほど大規模な中国共産党員の非公開データが、内通者と反体制派の手によって暴露されたことのほうにある。

## 投降者が対日ハッカー工作に動員される？

事件が西側社会に与える「脅威」も、実は既存の報道とはまったく異なる部分にあった。

上海の党員データの流出に携わった蘇鋳とＸｉａｏｌａｎのうち、海外に脱出した蘇鋳は無事だったが、中国国内にいたＸｉａｏｌａｎは二〇一九年の悪俗圏摘発に巻き込まれ、国家安全部により拘束された。蘇鋳の話によると、Ｘｉａｏｌａｎは当局に籠絡され、体制側の協力者になったという。

悪俗圏の関係者は大部分が十～二十代の若者だ。同じく当局側に寝返って仲間の牛騰宇を売ったＫのように、党幹部や企業家など現体制下での既得権益層の子弟も多い。親が圧力を受けたことで考えを変える者もいる。

　そもそも、悪俗圏はその母体が非政治的な百度貼吧のコミュニティだったため、当初の段階では親政府的な考えを持つ仲間も存在した。また、若者の小規模なコミュニティにありがちな人間関係をめぐる内紛から、喧嘩別れした報復として、政治的な動機とは無関係に親政府派に転じた人物もいた。蘇鋳は言う。

「中国が今後、Ｘｉａｏｌａｎのように投降した悪俗圏の人間を使って、西側各国に対するサイバー攻撃を実行する可能性は高い。日本のマイナンバーをターゲットにした大規模なハッキング工作も計画されていると聞いている」

　事実、過去（二〇一六～二〇一七年）には人民解放軍によって、宇宙航空研究開発機構（ＪＡＸＡ）、三菱電機、ＩＨＩ、慶応大学や一部の地方自治体を対象とする大規模な組織的サイバー攻撃がおこなわれた事例がある。こちらについては、肖彦鋭がこう言う。

「ＪＡＸＡへの攻撃は、ロケットや人工衛星の高度な情報を得ることが目的だ。もちろんアメリカのほうが宇宙開発技術のレベルは高いけれど、セキュリティ意識や安全保障意識も強いから、仮にサイバー攻撃と情報の窃取が明るみに出れば大きな政治問題になる。でも、日本は基本的にネットセキュリティが弱いし、マスコミや世論のサイバー攻撃に対する理解も関心も低い。攻撃が露見しても大きな問題にならないから、やりやすい」

二〇一九年八月から二〇二〇年十一月にかけては、警視庁のパソコンに対して複数のIPアドレスから四十六回にわたり不正アクセスがおこなわれた。報道では攻撃の主は明らかにされていないが、肖彦鋭や蘇鋳によれば、こちらも中国によるサイバー攻撃だったという。二〇二三年八月にも、米紙『ワシントン・ポスト』によって、三年前に日本の防衛機密ネットワークに中国のハッカーが侵入していたことが報じられた。

一連の攻撃のすくなくとも一部には、悪俗圏崩れのハッカーが関係している。

中国共産党を揺るがした悪俗圏事件は、なぜか妙に日本と縁が深い。

日本に留学中の肖彦鋭がサイトを立ち上げ、おそらく茂名市公安局の海外派出所が彼を恫喝するために協力者を送り込んできた。また、摘発作戦のなかで当局に寝返った悪俗圏メンバーは、日本に対するサイバー攻撃に動員されている。

現代の日本がもはや、隣国の中国国内の政治問題や、それに伴う数々の謀略とは無縁ではいられない国であることを象徴する出来事と言っていいだろう。

## 第三章

# リベラル外交官はなぜ戦狼と化したのか？

2021 年 10 月 20 日、中国駐大阪総領事館で筆者の取材に応じた薛剣総領事

## 暴言マシーンと化した中国外交

近年、中国の外交官が、西側諸国に向けて過度に挑発的な言説を繰り返す現象は「戦狼外交」と呼ばれている。

その最たる例は、二〇二〇年三月に当時の外交部報道官だった趙立堅《チャオリージエン》が、新型コロナウイルスの起源はアメリカにあるかもしれないとツイッター（現在は「Ｘ」）に投稿してアメリカ側を激怒させた一件だろう。

二〇二一年春には日本に対しても、福島原発の処理水問題に関して、趙立堅が葛飾北斎の浮世絵をパロディ化した風刺画をツイッターに投稿している。この問題は二〇二三年夏により大きな騒動になり、処理水排出が国際的な安全基準に合致するとしたＩＡＥＡ（国際原子力機関）の報告書に対して、中国外交部は再三にわたり疑義を呈する主張を発信。同年八月に日本が処理水排出を実施すると、中国側は日本産水産物の全面禁輸という極端な対応を取った。

他にも香港や新疆《しんきょう》ウイグル自治区の人権問題に対する海外からの批判や、西側要人の台湾訪問などに対して、報道官が挑発的な表現で反論したり、大使などの個々の外交官がＳ

NSを使って過激な主張を発信したりする例は数多い。

ちなみに、自国に耳の痛い問題について、中国外交部の報道官が人を食ったような態度で答弁すること自体は現在に始まった話ではない。だが、戦狼外交は従来よりも言辞がいっそう挑発的かつ不誠実だ。また客観的なエビデンスを無視して陰謀論に近い主張すら平気でおこなう点や、本来は中国国内で利用が制限されているXなどの海外SNSにアカウントを開設して活発な情報発信をおこなう点も特徴的である。

「戦狼外交」という言葉は、中国のアクション映画『戦狼』シリーズにもとづく。なかでも二〇一七年七月に公開されて中国国内で歴代興行収入一位を記録した、自国民の救出のためにアフリカで活躍する人民解放軍の元特殊部隊兵士を描く『戦狼2』（Wolf Warrior II）が意識されているようだ。

映画が話題になってからほどなく、米中対立の深刻化が進み、中国の外交官が過激な言動を繰り返すようになったことで、反体制派の中国人や海外メディアから「戦狼外交」という表現が生まれた。

パフォーマンス優先型の強硬姿勢を揶揄するニュアンスを持つ言葉である。

## ついに日本に現れた戦狼外交官

この戦狼外交は、時間を追うほどに目立っていく。

激化の直接のきっかけは、二〇一九年九月に習近平が党の青年幹部に「闘争精神」を呼びかけ、これに外交部が呼応したことだとされる。中国外交の重鎮・楊潔篪《ヤンジェチィ》の表現を借りれば「対外工作において闘争精神を発揚し、大胆に闘争し、うまく闘争する」（『求是』二〇一九年九月）という、「中国の特色ある大国外交」が採用されたのである。

ちなみに、外交部は海外との接点が多いことから、もとは中国の官公庁のなかでもリベラルな気質が強かったとされる。そのためか、二〇一九年九月から翌年一月にかけて、党中央規律検査委員会による長期間の監査を受け、習近平の思想や党の路線に対する学習不足が指摘された。忠誠を疑われたことで、習近平体制のイデオロギーに過度に忖度したパフォーマンスを示す必要が生じ、戦狼的な姿勢が強まったというのが海外の研究者らの見立てだ。

やがて二〇二〇年、湖北省武漢市で最初の感染拡大が起きたコロナ禍が全世界に広がり、初期のウイルス封じ込め対策をめぐる中国政府の不透明性に各国の非難が殺到した。西側諸国の対中好感度が低下するなかで、香港や新疆の人権問題がクローズアップされ、これに対抗する形で戦狼外交もエスカレートしていった。

戦狼外交の「顔」としては、外交部の広報担当者である華春瑩《ホアチュンイン》や趙立堅、前駐英大使の劉暁明《リュウシャオミン》、駐仏大使の盧沙野《ルーシャーイエ》といった人たちが知られている。なかでも趙立堅は、もともと駐パキスタン大使館の公使参事官だったところ、ツイッターでの「戦狼」的な言動を評価されて、出世ポストである北京の外交部の広報担当者に抜擢された人物である（ただし二〇二三年一月に事実上の左遷）。

彼らの上司である王毅《ワンイー》（外交部長、党中央政治局委員）も、かつて日本大使だった時期にはくだけた態度を取ることで知られていたが、習近平政権下で外交部長に就任してからは言動が急激に教条的になった。

とはいえ、これらはいずれも、外交部の本部や欧米諸国に赴任した外交官たちの話である。当初、日本にとっての戦狼外交は、どこか対岸の火事めいたイメージがあった。

だが、ついに日本にも戦狼外交官が上陸する。

二〇二一年六月二十九日に駐大阪総領事に就任し、同年八月十一日にツイッターの公式アカウント「@xuejianosaka」を開設した薛剣《シュエジエン》である。彼の名前が日本社会で知られる契機となったのは、国際人権団体アムネスティの香港からの撤退が報じられた翌日である十月二十六日に投稿された、以下のような発言だった。

## 〝害虫駆除！！！快適性が最高の出来事また一つ〟

その後の取材で、この投稿は間違いなく本人が書き込んだことが確認されている。

八月からの薛剣のSNS活動に刺激されたのか、同年十月には駐日大使（当時）の孔《コン》鉉佑《シュエンヨウ》や駐福岡総領事の律桂軍《リューグイジュン》（第一章参照）もアカウントを開設し、ときに強硬なメッセージを発信。だが、これらの仲間たちや二〇二三年三月に孔鉉佑と大使を交代した呉《ウゥ》江浩《ジャンハオ》（同月にアカウント開設）らと比べても、敵対的な勢力を口汚く罵る薛剣のポストの過激さや、その頻度は際立っている。

## 「ハエがウンコに飛びつこうとする西側子分政治家」

「害虫」発言以外にも、薛剣の投稿をいくつか紹介しておこう。私が発信を仔細にチェックしていた二〇二一年末までに限っても、たとえば以下のようなものがある（いずれも表記は原文ママ）。

**〝台湾独立＝戦争。はっきり言っておく！中国には妥協の余地ゼロ〟**

（2021・10・28）（台湾外相の呉釗燮《ウゥヂャオシェ》の発言を報じたニュースに噛みついて）


**〝気ちがいのこの人達がアメリカをダメにしたのだ。！！！〟**

（2021・11・3）（アフガニスタン情勢に関するアメリカ政府元高官の発言を伝えるニュースについて）


**〝悪名高いノーベル平和賞を与えられた平和解放前のチベット最大の農奴主が久し振りにまた出動だ。言うのもいつもの通り、新味全く無しの嘘とデマ！〟**

（2021・11・10）（ダライ・ラマ14世について）


**〝過激な反中マインドに駆られているこのマスゴミが益々発狂！！！こんなに中国がテロ等過激組織の標的になって欲しがっているのか？？？（略）〟**

（2021・11・13）（日本のネットニュースの中国批判記事に対して）

**〝ハエがウンコに飛びつこうとする西側子分政治家、兄貴アメリカに北京五輪ボイコット号令を掛けられて盲動を急いでいるそのちっぽけな姿は実に醜い！！！（略）〟**

〔２０２１・11・21〕（北京冬季五輪のボイコットに言及した国民民主党の玉木雄一郎代表の言説に対して）

他にも二〇二一年九月十三日には、新疆の人権問題に言及した岸田文雄の公式アカウントに、直接の返信となる引用ＲＴ（リツイート）機能を用いて、強硬な表現で反論してみせた。当時の岸田は自民党総裁選に出馬表明をしていた段階だったとはいえ、数週間後に総理となる可能性が極めて高い人物に、中国の駐大阪総領事が直接的に批判を投げかけた形だ。

薛剣は同年十一月五日にも、所得再分配に言及したバイデン米大統領の公式アカウントの投稿を引用ＲＴして「ほら吹きにしか聞こえないバイデン氏の話し」と痛罵している。

もちろん、ときには他国の外交官アカウントと同様に、自国の観光やスポーツの情報、さらに駐大阪総領事館の管轄エリアにある二府十二県（三重県を除く近畿地方と山口県を除く中四国地方）の自治体や学校との友好交流の様子を、穏健な文体で綴ることもある。
だが、薛剣のタイムラインは、それらを押し流すほどの「戦狼」ポストと、中国の体制を礼賛する親中派日本人や在日中国人の投稿の転載で埋め尽くされるのが通例だ。

## 一日中スマホから情報発信

過激な運営方針が受けたのか、中国人らしきネットユーザーを中心にファンも増え、フォロワー数はアカウント開設から二カ月程度で一万人を越えた（開設から二年あまりを経た二〇二三年十一月には約七・一万人まで増加している）。

二〇二一年十二月九日にツイッター投稿分析サイト『ｗｈｏｔｗｉ』で調べたところ、薛剣の一日の平均投稿数は百九・七件（うち約八割がＲＴ）で、一日の平均文字数は一万二千三百七十七文字。平均ポスト間隔はわずか十三分だった。ちなみに戦狼外交の先輩である趙立堅の一日の平均投稿数は十五件程度とされるため（二〇一九年八月二十五日付『観察者網』）、数の上では薛剣のほうがずっと多い。

後に取材を通じて得た情報によると、投稿の一部は、総領事館の公式アカウントの運営担当者である二十代の女性秘書が分掌しているという。ただ、データを見ると薛剣の投稿時間は朝七時台と夜二十三時ごろが多く、ときには深夜の一時や早朝六時に発信した例もある。本人の投稿が相当多くを占めているはずだろう。

投稿の九八・七％は、Ａｎｄｒｏｉｄ端末を用いたツイッターＡｐｐが使用されており、職場のパソコンからではなくスマートフォンで書き込んでいるようだ。本業の総領事業務に支障が生じていないか心配になるほど、一日中スマホにかじりついている姿が目に浮かぶ。

ちなみに、東京の中国大使館や福岡・札幌・長崎・名古屋・新潟など他地域の中国総領事館も、二〇二〇年前後にツイッターに公式アカウントを開設するか、新規に広報用のアカウントを立ち上げるかしている（発信内容は穏健なものが多い）。

華春瑩や劉暁明など、戦狼的な中国外交部の大物や他の中国大使のアカウント開設時期もやはり二〇二〇年前後に集中しており、中国外交部がこの時期に全体的な方針として「ツイッターでの情報発信」を示した可能性は高い。

もっとも、薛剣の投稿は他の戦狼外交官と比較しても際立って過激である。

「総領事の裁量権は大きいため、個々の投稿は現場レベルで判断しているはず。彼が日本語で書き込む内容を理解できて、さらに口出しをおこなえる立場の高官は非常に限られていますから、発信は野放し状態にあるとみていいと思います」
とは、北京の日本大使館での勤務経験を持つ外務省職員の見立てである。

## 立て板に水のごとく

そこで私は薛剣に会ってみたいと考え、二〇二一年秋にインタビューを申し込んだ。月刊『文藝春秋』の編集部を通じて駐大阪総領事館に連絡したところ、意外にも受諾の返事が来た（理由は後述）。

同年十月二十日に総領事館内で会った薛剣は、ツイッターでの過激な投稿が嘘のような、温和で紳士的な人物だった。口語的な表現にやや不自然さがあるものの、日本語のレベルは非常に高い。

背は中国人としては低く、百六十センチ台前半に見えた。外交官は体型にフィットしたスーツをスマートに着こなす人も多いが、薛剣のズボンはだぼだぼしており、ネクタイのセンスもいまいちだ。ただ、顔のつくりは比較的端正で、この時点で五十三歳という年齢にしては腹が出ていない。

応接室に案内されてから交換した名刺の肩書には「中華人民共和国駐大阪総領事館　総

領事（大使級）」とカッコ書きが付いていた。中国外交部の駐大阪総領事（および日本外務省の駐上海総領事）は、他の総領事よりも部署内におけるランクが高く、小国の大使クラスの人材が充てられる。

「私たち中国は人類運命共同体の構築を主張し続けています。これはまったくオープンかつウィン・ウィンの取り組みで、新時代中国の王道と言っていいでしょう。排除の理論でアメリカが主導してやっているインド太平洋戦略とは根本的な違いがあります。近年、日本国内では、中国とアメリカが覇権争いをしていると言われていますが、それはまったくの誤解です。中国はよりよい自分になりたいだけです。中国は過去、覇権国家であったことはなく――」

薛剣は立て板に水を流すように、中国政府の公式見解を話した。ネットでの顔とは異なり表現は非常に穏健だが、そのかわり話にヒネりがなくつまらない。自分たちの意見が、一般の日本人からどのように見られているかも、ほとんど意識していないようだ。そこでこちらから質問する。

「ツイッターにおける、強い表現を用いた情報発信は、日本の市民の好感を得られると思いますか？」

「そこはね、農家の話でたとえて言いますと、種まきの結果、どういう花が咲いて実を結ぶかはお任せしますと。私たちは種まきと日ごろの管理を、誠意を持って丁寧にやる。日本の皆さまがどう受け取られるかは『人事を尽くして天命を待つ』という姿勢です」

ちなみに彼の実家は江蘇省北部の農家である。

「他の領事館と比べて、駐大阪総領事館がツイッターで盛んに対米批判をおこなっているのは、外交部から『君たち、頼む』という話があったためですか？」

「いや、必ずしもそうじゃない。当然、私たちのなかでも試行錯誤をしているところもあると思いますけれども、情勢はどんどん変わっています。中国の外交が直面している課題において、いちばん重要な相手はアメリカになっている。ゆえに（中国の対米観を）率直に、日本の皆さんに伝えていくべきだと考えました」

## 「中国は世界そのもの」

薛剣は饒舌だった。

これは本人の話好きもあるが、私の反応も関係していたように思えた。私は中国政府の内在的な論理について、同意はしないが「理解」ができるためだ。

中国はかつて、強大な帝国主義諸国（現在の西側諸国）からアヘン漬けにされ、不平等条約を押し付けられて国土を瓜分《かぶん》された悲惨な近代史を持つ。ゆえに中国人は現在でも、西欧的な民主主義や人権の価値観について、自国を弱体化させるための罠ではないかと懐疑心を抱く傾向が強い。

加えて近年の中国では、自国がすでにパワーを行使できる立場になった以上、もはや西側の口出しに耳を傾ける必要はなく、むしろ世界の側こそ「強い」中国の論理を認めて尊重して然るべきだと考える価値観が台頭している。

ゆえに、日本人の立場から西側諸国の体制やイデオロギーを相対化する意見を述べ、中国の強さを認める姿勢を示していけば、親政府的な中国人の口は滑らかになる。

「そうそう。だからそこはね、私たちはちゃんと自信を持っている。（中国は）政治的に非常に安定していますし、経済の問題についても非常に的確にいろんな政策を打ち出してきているんです」

薛剣の言葉は時間が過ぎるほど熱を帯びた。

「中国は過去五千年の歴史（の大部分）で、世界をリードしてきました。しかし、近代の百数十年間、特に清王朝の腐敗によって世界の潮流から外れ、非常に悲惨な屈辱の歴史を経験させられてきました。いまようやく、中国共産党の指導のもとで、中国は大国としての復興が始まっています」

党の歴史観である。

「中国ひとつで、ヨーロッパのすべての国に匹敵する。個人的に言わせれば、中国は世界そのものと言ってもいいくらい。そういう存在です。習近平国家主席が建党百周年の講演でもおっしゃったように、中華民族の復興は、逆行のできない歴史的なプロセスに入った。中国人はこれを、何の裏づけもないなかで言っているわけじゃありません。ちゃんと事実をもって、そういう判断をしています」

中国の外交官が、ここまで大国主義的な言説を日本語で記者に話すのは初めてだろう。

薛剣は一九九〇年代後半に初めて日本に赴任したはずである。青年時代、母国よりも圧倒的に豊かな先進国として仰ぎ見ていた日本に向けて、この言葉を投げかけるのはきっと気持ちがいいに違いなかった。

取材は予定時間を大幅にオーバーして二時間以上に及んだ。

辞去する際には、総領事館特製のマスク一箱とステーショナリーセット、さらにパンダをモチーフにした総領事館のゆるキャラ「パンパン」のぬいぐるみと、習近平の著書『習《シィ》近平談治国理政《ジンピンタンヂーグォリィヂェン》』二冊をプレゼントしてもらった。

## 苦労人から開明的なエリート外交官へ

薛剣は、そもそもどのような人物か。

戦狼外交の本質を知るためにも、彼のパーソナリティを掘り下げていこう。

彼は文化大革命が勃発して二年が経った一九六八年、江蘇省淮安市漣水県の農村で生まれている。江蘇省の中心部である南京市や蘇州市は長江流域の先進地域だが、薛剣の故郷はこれらの都市から遠く北に離れた辺境だ。同じ江蘇人の間でも「蘇北《スーベイ》」（江北《ジャンベイ》）と呼ばれ、ときに一段低く見られる場合もある貧しい土地である。

かつて日中戦争中に中国共産党の根拠地が作られ、激しい抗日運動が展開された地域でもある。日本の侵略と抵抗運動、さらに戦後の大躍進運動や文化大革命といった政治動乱が重なり、薛剣が生まれ育った時期の農村の環境は相当に厳しかったと思われる。

だが、彼は勉学に励み、外交官の登竜門でもある名門校の北京外国語学院（現・北京外国語大学）に進学する。蘇北地域出身の中国人の話によると、この世代の現地の農民の子弟で、北京の一流大学に進む学生は「十万人に一人」程度だったといい、薛剣は地域で一番の秀才だった（余談ながら中国外交部の顔である華春瑩も、薛剣の故郷の隣の淮陰県（地名は当時）出身で、県一番の成績で江蘇省の最上位校である南京大学に進んでいる）。

薛剣は北京の大学に進学してからも、村に帰省するたびに農作業を手伝っていた。首都の垢抜けた外大生たちのなかで、泥臭い苦学生である彼の苦労は並ならぬものだったと思われるが、猛勉強で日本語をマスターして一九九二年に中国外交部に入部した。

やがて一九九五年、大使館アタッシェとして日本に初赴任する。当時の薛剣は、東京でメディア関係者らが主催していた各国の若手外交官たちとの交流会「マスコミ情報研究会」にしばしば顔を出し、後年に保守系月刊誌『Ｈａｎａｄａ』を創刊する花田紀凱《かずよし》から「とてもお世話になった」という。のちに私が花田本人に確認したところ、花田側は覚えていないようだったが、往年の薛剣が好奇心にあふれた柔軟な若者だったことは想像できる。

その後は北京の中国外交部と東京の中国大使館に交互に赴任しつつ、着実に出世の階段を登った。中国外交部のジャパン・スクールのエリートコースと言っていいキャリアだ。

彼が中国大使館の参事官だった二〇〇七年には総理（当時）の温家宝、翌年には国家主席（同）の胡錦濤が訪日したため、それぞれのイベントで裏方役として働いた。二〇一〇年に尖閣諸島沖で中国漁船が日本の海保巡視船に衝突する事件を起こした際には、中国人船長が勾留されていた那覇に飛んで日本政府との折衝にあたっている。

胡錦濤政権時代（二〇〇三～二〇一三年）の末期、北京の外交部アジア局で課長職に就いていた薛剣と交流があった、日本の通信社の元中国特派員はこう話す。

「非常に開明的なキャラクターだった。こちらがオフレコでお茶を飲みたいと頼めば、外交部の近所の喫茶店で気軽に応じてくれた。当時は『中国の外交官がここまで言うのか？』というほどリベラルな意見を口にしていたので、昨今の彼の言動には違和感が大きい。当初は本人の意思でツイッターを運用しているのかすら疑ったほどだ」

報道筋や日中友好筋の証言を総合すると、薛剣は中国の外交官としては柔軟なタイプで、自国の「核心的利益」は譲らないものの、現場の裁量で決定できるものごとについては、日本側の要望にも進んで対応してくれたという。仲が良かった日本人の間では「セッちゃん」というニックネームもあった。

本人が叩き上げの苦労人であるためか、総領事になってからも目下の者に優しく、話の分かる上司として若手外交官からは慕われている。ジャパン・スクール内で彼と同世代のライバルと目される楊宇《ヤンユィ》（後述）は、官僚的な性格で人望に欠けると言われており、人心掌握の面では薛剣に軍配が上がるようだ。

趣味は山歩きと農作業である。幼いころに漣水県の実家で兄弟と分担して食事を作っていたためか、料理も得意であり、プライベートでは優しき家庭人だという。

## 出世、忠誠、権力闘争

ならば、そんな「善き中国人」薛剣が、どうして戦狼外交官と化して吠えているのか。

「さもありなんという話ですよ。胡錦濤時代の中国は、西側諸国に対してもオープンな態度をとる方針だった。なので薛剣はそれに合わせてリベラルな顔をしていた。いっぽう、習近平体制はああいう（西側に対して強面の）スタンスなので、戦狼外交官になった。彼もしょせんは小役人ということです」

彼と面識を持つ大手紙の元中国特派員のなかには、こう言い放つ人もいる。

すでに書いた通り、外交部は習近平への忠誠を疑われやすい部署だ。前体制下で「上」の方針に従ってリベラルな言動をおこなっていた薛剣が、習近平体制における政治の風向きの変化を受けて、パージに遭わないために愛国言説を振りまきはじめたという推測は一定の説得力がある。そもそも、彼の大親分である国務委員の王毅からして、近年は日本大使時代の温和なキャラクターをかなぐり捨てて強硬な言説を繰り返しているのだ。

いっぽう、中国外交部のジャパン・スクールにおける地殻変動を指摘する説もある。

日本側の外交筋によると、二〇二一年末時点でのジャパン・スクール高官たちの序列は、「別格」である外交部長の王毅以下、呉江浩（当時次官補、二〇二三年三月より駐日大使）、孔鉉佑（当時大使、現在は退任）……と続き、薛剣は「ナンバー4〜5程度」であった。

薛剣が戦狼化した時点で駐日大使だった孔鉉佑は、少数民族の朝鮮族出身で、往年の王毅以上に穏やかな人柄で知られた人物である。

この孔鉉佑は、二〇一九年五月に大使に着任したものの、翌年春に台湾のＷＨＯへのオブザーバー参加を容認する発言を記者の前で漏らしたことや、『文藝春秋』二〇二一年九月号に台湾の蔡英文総統の独占インタビューが掲載されたことなどで北京側の不興を買い、実権を失っていた――。とは、駐大阪総領事館の動向を継続的にウォッチしている、関西在住の大手紙ＯＢの見立てだ。

事実、孔鉉佑は大使任期中の二〇二二年一月から約三カ月にわたり、事情を秘したまま日本を離れて長期帰国しているなど、外部から見ても不自然な動きが観察されている。

そこで中国駐日大使館で台頭したのが、首席公使の楊宇である。二〇二一年三月には新疆の人権問題を問い合わせた日本メディアの書面インタビューに「ばかげた茶番劇」と強い表現で返答しているほか、二〇二二年初頭の孔鉉佑の長期不在時には臨時代理大使も務めるなど、存在感を示すようになった。

この楊宇は薛剣の二歳年下で同じ北京外国語学院卒とされ、これまでは駐日大使館の広報担当者や中国外交部の東北アジア局長などを歴任してきた。慎重居士の官僚主義者である楊宇と、軽妙洒脱でフットワークも軽い薛剣の両者が、ジャパン・スクールの出世頭である。

なお、中国外交部の人事の慣例に照らせば、現在の薛剣が就いている駐大阪総領事は、キャリア的には「上がり」のポジションだ。ただ、習近平体制下の中国では従来の人事上の慣例がしばしば無視される。なにより、ツイッターでの戦狼外交発言によって、中小国の大使館員から「外交部の顔」に成り上がった趙立堅という前例もある。

薛剣は大阪に赴任した二〇二一年の時点で、定年まで約七年を残していた。叶うならばあと一歩、出世双六《すごろく》のコマを進めたい年齢である。

現体制下で高く評価される「対外工作において闘争精神を発揚」する言動で注目を集め、派手なパフォーマンスを苦手とするライバルの楊宇に差をつける。そうすれば、やがて駐日大使に抜擢される大番狂わせも期待できる。

蘇北の寒村から、ド根性と人たらしで身を立てた男にとって、習近平体制下での外交部人事の混乱は、乾坤一擲の勝負を賭けるに足る好機に見えたのではないか。

そんな仮説も、やはり説得力がある。

## 失踪した前任者

いっぽう、中国外交部やジャパン・スクールの組織内事情に目を向けると、薛剣の大阪赴任は、「火消し」の仕事が期待されたものだった。

駐大阪総領事館は、日本にある中国の在外公館のなかでも業務の取り回しが難しい。加えて近年は、外交部内の人事混乱を象徴する「鬼門」的な部署ともなっている。

そもそも、同館は本州西部のほとんどと四国全域という広大な範囲をカバーしており、権限が非常に大きい。しかも彼らの管轄エリアには、神戸や大阪のような戦前以来の華僑コミュニティを持つ地域や、親中派予備軍となり得る反体制的な知識人が多い京都、日中友好議員連盟会長で自民党の重鎮である二階俊博の地盤として有名な和歌山など、複雑な人間関係や利権が絡み合う土地が数多く含まれている。

中国がまだ貧しかった一九九〇年代には、一部の総領事館員が関西の暴力団員と結託して、外交特権により税関審査をパスできる外交行嚢を使った密輸行為に手を染めていたとされる。こちらとの関係は不明だが、二〇〇八年七月には当時の羅田廣《ルオティエングアン》総領事が一時帰国中に交通事故で亡くなり、日中関係筋で不審死の可能性が囁かれる事件も起きた。

なにより、薛剣の前任者である何振良《ホォチェンリャン》（第一章参照）が、二〇二〇年二月に駐福岡総領事から転任して十カ月足らずで失踪している。

関西の日中友好筋をはじめとした複数の情報源によると、何振良は日中戦争期の遺棄化学兵器問題についての対日賠償金利権にからむ汚職容疑で本国に召還され、懲役十年以上の重刑を受けたとみられている。

もともと中国の各官公庁には、部署ごとに役人たちが職務上で得られる役得（「含金量《ハンジンリャン》」という）があるのだが、外交部は海外が相手であるため旨味が薄い。だが、かつて王毅が外交部副部長時代に開拓したとされる遺棄化学兵器問題は、その処理・調査費用の流れをめぐって、外交部内でもジャパン・スクールだけが獲得できた数少ない利権だった。

すなわち、中国側の「化学兵器が見つかった」「調査が必要である」という主張の真偽を完全にチェックすることは不可能であるため、日本側から必要経費を上回る金銭が支払われる余地があったのだ。

往年の何振良は、この錬金術の実務に触れる立場にあった模様だ。福岡時代に彼本人と直接の交流があった、在日中国人の六十代の企業家はこう話す。

「性格はオープンで、スケベ。私が彼を中洲の高級クラブで接待したときは、ずっとホステスのおっぱいを触っていて、同じ男として見れば正直な人物とも言えた。だが、私欲が強くて素直な性格は、商人には向いていても政治には向かない。本来、日本各地の総領事は上司である駐日大使に向けて上納金を支払う不文律があるが、何振良は上納金の金額をごまかして自分の懐に入れたことで、上から処分されたと聞いている」

ほか、彼の失脚については対日賠償金利権が党内で明るみに出たことで不祥事の責任を押し付けられ、トカゲの尻尾切りに遭ったという別の説もある。いずれにせよ、金銭がらみのトラブルで処分されたことは確実だろう。

結果、トップが粛清された二〇二〇年十一月以降の駐大阪総領事館では、総領事が半年以上も不在となる異常事態が起きた。

翌年六月に新総領事として着任した薛剣には、この混乱の収拾と館員の引き締めが期待されていた。そこで同年八月上旬、まずは総領事館の公式ツイッターアカウントを通じて対西側批判をおこなわせる。

だが、当時のＳＮＳ運営担当者が二十代なかばのオタク系の男性館員で、ツイートの日本語表現に問題があった（脅し文句を書いたつもりが「口が嫌だと言っても、体は正直なものだ」と成人向けマンガの悪役のようなセリフになった）ことで日本のネットユーザーや台湾の中国語メディアから嘲笑され、投稿の削除に追い込まれてしまった。

これに業を煮やしたのか、ほどなく薛剣自身がアカウントを開設。総領事館の公式アカウントの運用担当者も、男性のオタク外交官から薛剣の女性秘書にすげ替えられ、揃って戦狼発言を連発するようになった。

## パンダ外交をパフォーマンスに利用

赴任直後の薛剣は、ＳＮＳの運用体制の刷新の他に、もうひとつ特徴的な行動をとっている。それは前任者の何振良の功績を、自身のパフォーマンスで上書きすることだった。

**〝パンダファンの皆さん、暖かいパンダ愛を頂き、ありがとうございます！パンダ愛から人間愛へ、是非一緒に頑張ろう！！！〟**〔２０２１・11・６〕

その最たるものがパンダ外交である。

日本にはジャイアントパンダの飼育施設が三カ所あり、東京の上野動物園を除く二施設はいずれも、駐大阪総領事館の管轄エリア内にある。すなわち、華僑が多い神戸の王子動物園と、二階俊博の選挙区でその父親の出身地でもある和歌山県白浜町に位置するアドベンチャーワールドだ。

関西在住の「パンダライター」として知られる二木繁美によると、以前の駐大阪総領事館はパンダに対して興味が薄かったそうだが「薛剣さんの前任の人（＝何振良）あたりから」熱心になった。

事実、何振良は大阪に赴任後、コロナ禍の第一波が明けた二〇二〇年六月三十日に、大阪府知事への表敬訪問よりも先に王子動物園のパンダ「タンタン」を視察している。タンタンはファンの間では「神戸のお嬢様」の愛称を持つ人気のメスパンダで、中国からのレンタル期限切れによる帰国が計画されていた（その後、高齢による体調不安から帰国計画は二〇二三年末まで延長された）。

何振良はさらに同年八月にも、アドベンチャーワールドのパンダ「彩浜《さいひん》」の誕生日イベントに参加する。翌月には二階俊博の三男である伸康やアドベンチャーワールドの社長らを総領事館に招いて会談し、当時の自民党幹事長だった二階俊博を高く評価する談話を発表した。

駐大阪総領事館がパンダをあしらったグッズを多数取り揃え、ゆるキャラの「パンパン」を用いはじめたのも何振良時代からだ。現在、日本国内にある中国の大使館と合計六カ所の総領事館のうち、パンダをアイコンとして積極的にアピールしているのは駐大阪総領事館だけだが、このスタイルは何振良のもとで確立されたものである。

しかし同年十一月七日、岸和田市でアドベンチャーワールドのパンダに食べさせるための笹の刈り取りイベントに出席したのを最後に、何振良は人々の前から姿を消した。

この短命な前任者の遺産をタナボタ的に継承したのが薛剣である。

総領事に就任後の彼は、パンダ外交がさも自分の業績であるかのようにイメージを書き換えていく。

端緒は二〇二一年十一月四日、赴任後初の大阪府外への出張として王子動物園のタンタンを訪問したことだ。彼の行動は派手だった。

「薛剣さんは当日、パンダが描かれたノートを取り出して自分のサインを書き込み配布。

受け取れない人には後日の郵送まで約束していました。ずいぶんパフォーマンス好きな人だなあと感じましたね。動物園側によると、一週間前くらいにいきなり来意を告げ、やってきたそうです」

王子動物園を取材中に薛剣と出くわしたメディア関係者はこう話す。

さらに同月二十二日にも、パンダの「楓浜《ふうひん》」の誕生日イベントに出席するため、薛剣一行は和歌山県のアドベンチャーワールドに現れた。

訪問の連絡はやはり直前だった模様だ。イベント時には、総領事の来訪を知らずにパンダ取材に集まっていた地元支局の記者たちを前に「パンダ愛から人間愛へ。中国のことも好きになってほしい」と、流暢な日本語で一方的に演説をぶっていたという。

薛剣はやがて「パンダ総領事」をみずから名乗りはじめる。関西地方の学校訪問などの際も、総領事館のゆるキャラ「パンパン」を引き連れ、無類のパンダ好きキャラクターをアピールするようになった。

## 日本の仏教界に急接近

パンダに加えて、薛剣が熱中しているのが仏教外交だ。

**〝日本黄檗宗の皆様と歓談。隠元禅師が繫いでくれたご縁を活かし、黄檗文化を架け橋に中日文化交流を更に推進していくことをめぐり活発に意見交換。各界の努力のもと、隠元禅師の精神「東西互照、道義撐持」のように、中国と日本が「道義によって互いに支えあう」良き関係を築いていくことを切に願う〟**〔2022・4・13〕

黄檗《おうばく》宗は、江戸時代初期に来日した隠元《いんげん》（一五九二〜一六七三）を祖とする禅宗の一派で、京都府宇治市の黄檗山萬福寺を大本山とする。伝統仏教宗派のうちで最も新しい時期に大陸から伝来したため、経典の発音や寺院建築・普茶《ふちゃ》料理（精進料理）などさまざまな面で伝統中国的な要素が色濃い。現在の黄檗宗の僧侶や檀信徒の多くは日本人だが、宗祖の隠元が福建省出身だったことで、伝統的に福建系華僑の信仰を集めてきた歴史がある。

中国にルーツを持つ黄檗宗と、駐大阪総領事館とは、以前から華僑団体のイベントなどを通じて接点があったが、代表者同士がたまたま同席する程度の関係にとどまっていた。

だが、コロナ禍の最初期に日本側の中国人団体「黄檗文化促進会」と福建省側の団体（福清黄檗文化促進会）がマスクを贈りあい、中国側のマスクが萬福寺に届けられたことで、二〇二〇年七月に何振良が萬福寺堂頭《どうちょう》（黄檗宗管長）の近藤博道と会見。宗門組織と総領事館との一対一の関係が深まった。さらに何振良は消息を絶つ三日前の同年十一月四日にも、福建省人民対外友好協会から萬福寺への寄付金贈呈式に出席している。

こうして何振良が開拓した人間関係は、やはり薛剣によって上書きされた。

薛剣は赴任後の二〇二一年十二月に萬福寺を訪問。さらに翌年四月と九月にも寺院のイベントに関与するなど、一年間に三回も萬福寺と接触している。

もともと宗祖の隠元は、若手時代の習近平が福建省で勤務していた時期に存在を知った歴史上の人物であり（第四章参照）、二〇二一年十一月には日本にある隠元禅師像を、福建省に「里帰り」させるプランが中国側から提案されていた。薛剣の同年十二月の萬福寺詣では、日中国交五十周年に合わせてこの計画を実現させるための折衝だった。

この隠元禅師像の持ち出し計画は、黄檗宗側が難色を示して立ち消えたものの、萬福寺との接触を通じて日本の伝統仏教教団と接触するノウハウを覚えたらしき薛剣は、二〇二二年以降に仏教外交を大きく広げることになった。

彼のツイッター投稿を見ると、金剛峯《こんごうぶ》寺（真言宗高野派）・教王護国寺（真言宗東寺派）・延暦寺（天台宗）・建仁寺（臨済宗）・清水寺・唐招提寺・紀三井寺など、関西にある主要宗派の大本山や有名どころの観光寺院とはあらかた接触した形跡がある。訪問を受けた禅宗系の寺院関係者の一人によると、「総領事館レベルで接触があったのは初」だったといい、薛剣は従来に例のない総領事館外交に踏み出したといえた。

ちなみに、珍獣パンダを用いて外国人の感情をやわらげるパンダ外交は、中国のパブリック・ディプロマシー（広報外交）の花形だ。なかでも一九七二年の日中国交正常化の直後に上野動物園に贈呈されたパンダは、対中好感度を大きく引き上げた。

いっぽう、世間ではパンダ外交ほど知られていないものの、非政治的な宗教交流を掲げて対象国民の取り込みをはかる仏教外交も、実は国交正常化以前の時期には中国政府が最も力を入れていた対日融和カードだった。

日中間の国交の樹立後、両国ともに経済関係への関心が高まり、創価学会を除く仏教系教団に対する中国の働きかけは下火になった。また、日本社会におけるパンダの物珍しさも薄れ、対中好感度を下支えするほどの神通力を持たなくなったことで、中国側の外交活用もお座なりなものになって久しかった。

だが、薛剣は前任者の何振良が開拓したタンタン訪問と萬福寺訪問を上書きし、それを拡大させたことで、本国のジャパン・スクールすらも忘れかけていた一九七〇年代以前の対日友好工作――。すなわちパンダ外交と仏教外交という伝統的手法を復活させている。パンダと伝統仏教は、いずれも関西地方が首都圏に優越する資源を持つ分野だ。

薛剣は他にも、京都大学・神戸大学・関西大学・立命館大学孔子学院・灘中学校など関西地区の有名校を歴訪したり、後述する農業参加をおこなったりと、総領事館の管轄区域のあちこちに精力的に出向いている。

イベントの後は、部下を通じてニュース記事を総領事館のホームページに掲載し、ときには「こんな総領事見たことない！」といったタイトルで北京の外交部のホームページに転載させるなど、中央に向けたパフォーマンスにも余念がない。

ＳＮＳでの暴言の連発と、パンダとの触れ合いや寺院訪問といった平和的極まりない行動は、一見するとギャップが大きい。だが、いずれも北京に向けた自分の功績のアピールが形を変えたものと考えれば、薛剣の行動から一貫性が見えてくる。

## 勇ましさの陰にある脆弱性

戦狼外交の背景に、中国外交部の組織防衛や個々の外交官の保身や機会主義といった動機が存在することは、国内外の報道においてしばしば指摘されている。

もっとも、だからこそ致命的な弱点も存在する。

それは彼らの姿勢が徹頭徹尾、内向きであることだ。中国外交はもともと「内政の延長」とはよく言われる話だが、近年の戦狼外交については、その担い手たちが北京の方角しか見ていない傾向が強すぎる。

戦狼外交官たちの発言は、たとえ日本語や英語で発信されたとしても、外国人ではなく中国人の目に触れること、中国人に気持ちのいい言説をおこなうことが重視されている。結果、接受国（日本）に対して目を向けなくなることで、情報収集能力は低下する。

「いやあ！　駐日大使ではなく大阪の総領事が、日本の大手メディアからこれだけ大きなインタビューを受けるなんて、過去初めてのことじゃないですか？」

二〇二一年十一月、私が原稿をまとめる段階で薛剣と微信（中国のコミュニケーションアプリ）の音声通話で連絡を取ったところ、彼は声を上擦らせてそう口にした。

実のところ、彼らがなぜ『文藝春秋』編集部を通じた私の取材に応じたかは、当初は大きな謎だった。客観的に考えて、私が中国政府に都合のいい原稿を書く可能性は低い。

私は『文藝春秋』二〇二一年八月号において、「悪俗圏《アースーチュエン》事件」（第二章参照）を報じている。さらに翌月号でも、新疆の人権問題を告発した在米ドイツ人研究者のエイドリアン・

ゼンツのインタビュー記事を書いた。同年八月上旬には、ウェブニュースサイトの『文春オンライン』に、他ならぬ中国駐大阪総領事館の人事混乱を伝える記事を寄稿したこともある。

——では、どうしてインタビューが受け入れられたのか。理由は意外なものだった。

駐大阪総領事館の「危機管理」が穴だらけだったのである。

薛剣と総領事館員たちは、日本で最も発行部数が多い総合月刊誌である『文藝春秋』の過去の記事や、中国関連の分野では比較的知名度が高い（六四天安門事件についての著書で受賞歴がある）私のプロフィールを、事前にほとんど調べていなかったのだ。

つまり、私がわずか数カ月前に発表したエイドリアン・ゼンツのインタビュー記事や、自分たちの駐大阪総領事館の迷走が報じられた記事すら、彼らは一切読んでいなかった（ゆえに悪俗圏事件のことも知らず、領事館の管轄エリアである滋賀県の肖彦鋭《シャオイエンルイ》の自宅に海外派出所の黒シャツ男たちがあらわれたことも把握していなかったようだ）。

そのため、薛剣と総領事館員たちは、中国政府の姿勢に「理解」を示した私を、自国の体制を無批判に礼賛する日中友好人士であると一方的に誤認してしまった。

薛剣は取材後、懇意にする親中派日本人に「いいインタビューをしてもらった」と上機嫌で語っている。彼は自分が掲載された雑誌を大量に買い込み、北京に送る準備をしていたという。

世間一般で囁かれがちな「したたかな中国」「監視国家中国」というイメージに対して、戦狼外交の最前線の担い手たちの内情は真逆のものだった。

かつて十九世紀末、清朝の北洋艦隊はアジアで最強の戦力を誇ると喧伝された。だが、実態は軍事費の流用によって装備の補充がなおざりにされ、兵員の練度も低かった。結果、一八九四年の黄海海戦で、本来は「格下」のはずだった日本海軍に敗れてしまった。

外部向けに公開されたスペックこそ強大に見えるものの、現場の人員のレベルが追いついておらず、足元の弱さから一敗地に塗《まみ》れる――。そうした構図は、約百三十年前の北洋艦隊も習近平時代の戦狼中国も、本質的にあまり変わらないのではあるまいか。

勇ましき戦狼外交は、その本質に驚くべき脆弱性を抱えている。

## 農民出身の誇りと葛藤

最後に再び、本章の主役である薛剣の人物分析に立ち戻ろう。

果たして彼の戦狼外交は、本人の野心や保身術といった動機だけで説明できるのか。

実は薛剣個人については、別のロジックも見え隠れする。

それは「素顔の彼が習近平体制に心からの忠誠を捧げている」可能性が高いことだ。理解のキーワードとなるのは、自身を生み育てた「農村」への愛着である。


**〝今日は土曜日、休みなんだけど、館員を連れて地元の中国人留学生と一緒に岸和田市へ援農活動に参加してくるぜ！〟**（２０２１・10・30）

私が総領事館を訪問した十日後に投稿されたポストだ。

同日、大阪府岸和田市の日中友好協会（岸和田は何振良が最後に訪れた地でもある）との交流行事を予定していた薛剣は、その前に領事館員や中国人留学生らを引き連れて、市の郊外の農家「ＮＰＯ法人　くじらのペンギンハウス」で援農支援ボランティアに参加した。このＮＰＯ法人は日中友好人脈との接点を持つ組織ではなく、総領事館側が訪問の数日前にネット上で広告を見て電話を掛けたらしい。

「あの日、総領事はジャンパー姿でヤル気満々でした。『私は農家の出身なんです。苦労して大学に進みました』と話していましたね。実際にビニールハウス内でミニピーマンを収穫してもらったところ、素人離れしたものすごい速度でした。収穫後は屋外で生落花生の塩茹でを作って、その場でみんなに振る舞ってくれました」

くじらのペンギンハウス代表の花野眞典は取材にそう話す。

薛剣一行はその後、長年にわたり総領事館と交流行事をおこなう地元のミカン園「洋光園」に移動。隣接する畑で、恒例行事であるイモ掘り体験に参加した。園の経営者は言う。

「畑の土が堅く、若い部下たちがシャベルでも歯が立たず閉口するなか、薛剣総領事は『私が幼いころ、中国の農業は手作業だった！』と言いながら素手で大きなサツマイモを掘り出していました。うちは過去二十年以上も総領事館との交流を受け入れてきましたが、従来にはいないタイプの方でした」

薛剣は外交部に奉職してからの約三十年間、都会暮らしで農作業から離れていたようだが、異国で味わった農業体験でスイッチが入ってしまった。

彼は翌年以降、二〇二二年六月十七日に奈良県葛城市で小学生と田植え、二日後の同月十九日にも大阪府阪南市の日中友好田で田植え、同年秋には十月に阪南市に稲刈りに行き、十一月には前年と同じ岸和田市の援農ボランティア農園とミカン園を再訪したほか、別の農家でもキャベツを収穫。さらに二〇二三年六月にも葛城市と阪南市を再訪して田植え、もちろん秋には両市をハシゴして恒例の稲刈り……と、並ならぬ頻度で土に親しむようになっている。

**〝体験型田植えのはずだったが、農家の息子の自分がついつい本格的に没頭してた。〟**

〔2022・6・17〕

イベントの前月から「来月は田植えだ」とポストするなど、熱意を感じさせる発言は多い。パフォーマンス優先型の戦狼外交やパンダ外交・仏教交流とは違い、彼の農業参加はほぼ唯一、「点数稼ぎ」の匂いが薄い行動だ。一度や二度ならばともかく、ヘビーローテーションで田植えと稲刈りを繰り返したところで、北京の外交部の評価は上がらない。

二〇二一年十二月、駐大阪総領事館が公式ユーチューブチャンネルに公開した、薛剣と友人の中国人企業家である宋文洲《そうぶんしゅう》の対談動画も興味深い。中国人留学生から就職活動のアドバイスを求められた薛剣が「農村に行け」と回答し、都会的なビジネスマンの宋文洲を困惑させるシーンがあるのだ。薛剣は農民の子としての強い自負を持っている。

「彼は貧しい中国農村の実態を身をもって知っている人物なんです。ゆえに、豊かで強くなった現代中国の体制を肯定的にとらえる傾向が、より強いように見えます」

とは、本人を知る日中友好団体の関係者の人物評だ。

事実、薛剣のSNS投稿には、戦狼言説に混じってこんな言葉がみられる。

**〝総領事の私が極普通の農家出身だと想像つかない方がいるかもしれないが、偽りない事実だ。73年前に今の共産党指導の中華人民共和国が出来なかったら、私のような農家子弟がこう人生を変える事ができなかったんだろう。これは大多数の中国人が共通した素朴な認識だと思う。〟**

〔2022・1・7〕

**〝貧しい農村育ちの私だから、「私も農民出身だよ」と自ら山奥にある農家の家中まで親切に訪ねてきた国家主席の一言がどれだけ社会の底辺で苦労する方々に効くのかよく分かる。青年時代陝西省北部の農村で7年間農民と一緒に生活した習近平さん独特な人格力、画面を通してもその温もりが感じられる。〟**

〔2022・4・19〕（農村を訪問中の習近平が「私も農民出身だ」と住民に語りかけたエピソードに関して言及したもの）

## 「農民」を認めてくれた習近平

中華人民共和国史において、農村は重要なキーワードだ。

中国共産党は建党当初、都市部のプロレタリアートの革命を信じるソ連留学組に指導されていたが、やがて毛沢東が権力を奪取して「農村から都市を包囲する」戦略を採用し、中華人民共和国を成立させた。伝統的な儒教的価値観では、農工業など肉体労働をいやしみ頭脳労働を尊ぶ考えが強かったが、こちらも革命を契機に転換が図られた。

やがて文化大革命のなかで、都市部の若者を農村に送り込む政策（下放《かほう》）が採用されたのも、農村の革命性を高く評価した毛沢東の個性が反映されたものだった。

だが、そんな中国農民は毛沢東の死後、都市住民から見下される存在に落ちていく。

決定的な契機は、一九九〇年代に鄧小平のもとで社会主義市場経済政策が導入され、農村部と都市部の所得・生活水準の格差が急激に拡大したことだ。一部の農民は故郷を離れて都市部に出稼ぎに向かい、農民工《ノンミンゴン》（もしくは盲流《マンリュウ》）と呼ばれるブルーワーカーの非正規労働者になった。だが、彼らは都市住民から激しい蔑視を受けた。

差別的な構造は制度においても存在した。もともと、中国の戸籍は一九五〇年代に農民の都市流入を防ぐ目的で都市戸籍と農村戸籍の二種類に分けられていたが、市場経済政策の導入後は、これが農民の移動や職業選択の自由を制限するシステムとして働いたからだ（出稼ぎ農民工が都市部で二級市民的な立場に置かれたのも、この戸籍問題が理由である）。

この区別は近年になり緩和されているが、かつての農村出身者は、若き日の薛剣のように猛勉強で首都の大学に合格して外交官になるなど、気が遠くなるほどの努力を積まなくては中国社会の主役になれなかった。

いっぽう、現在の指導者である習近平は、こうした中国農民に光を当てた存在である。習近平は文革期に陝西省の農村に七年にわたり下放され、村の党書記として政治的キャリアをスタートさせた過去がある。その後も地方勤務が長かったことで、彼は国際感覚や現代的な人権感覚には欠けるいっぽう、社会の末端にいる農民や自分と同世代の高齢者の悩みには敏感だ。

そもそも習近平は、性格やライフスタイルの面でも農民気質が強く、政策面でも地方のインフラ整備を進めるなど農村重視の姿勢がある。農村部の貧困問題解消にも意欲的だ。

ゆえに、農民の間で習近平の人気は高い。現体制下において、都市部のインテリ層は習近平に面従腹背の態度を取る人も多いが、農民や毛沢東時代を知る高齢者層には、本気で習近平を好む人がかなり多くいる。

これは薛剣も同様ではないか。彼が過去、都会人に囲まれた北京暮らしのなかでコンプレックスを抱いたこともあったはずの、「農民」のアイデンティティを認めてくれた唯一の指導者が習近平なのである。

現体制の「中国の特色ある大国外交」(=戦狼外交)を、愚直なほど積極的に実践する薛剣の内部には、他のスタイリッシュな外交官とは異なる心情が存在する可能性が高い。

## リベラルなエリートが変節するとき

いっぽう、薛剣にはもうひとつの興味深いキーワードがある。

それは一九八九年に発生した六四天安門事件だ。

実は彼は、大学入学の直後に天安門広場で学生デモに参加した経験がある。彼の母校の北京外国語学院は、同年四月から約二カ月続いた民主化運動に大勢の学生が加わったことで知られており、好奇心の強い性格である薛剣もそのなかにいたようだ。

総領事になる前の薛剣は、北京で知り合った複数の日本人記者に学生運動の参加経験を打ち明けていたことが確認されている。さらにツイッターにおいても、同年代らしき中国人と中国語で思い出話をやりとりするなかで「愛国的な青年が、腹に一物ある少数の連中に騙されてしまった」と述べるなど（二〇二一年十一月十四日）、当時への思い入れを感じさせる言葉が観察される。

おそらく彼の内面には、外交官として一定の昇進を果たすまで、天安門崩れの元デモ学生としての鬱屈や、党体制への批判的な眼差しも存在していたのだろう。彼が過去に繰り返した「リベラル」な発言も、あながち胡錦濤体制下における風見鶏的な態度だけが動機ではなく、ある程度までは若き日の価値観が反映されていたように思える。

だが、習近平体制の成立による政情の変化と、壮年になった本人が「農民」の出自を見直しはじめたことで、薛剣の考えは変化した。

北京で外大の門を潜って以来、背伸びをして纏《まと》ってきたはずの、都会育ちの品のいいインテリ中国人が好む思考と言説——。すなわち、西側諸国に敬意を払って自由主義や議会制民主主義体制を肯定するバタくさい姿勢が、そもそも農民出身の共産党員である自分には合わない借り物の衣装にすぎないことに気付いてしまったのだ。

薛剣の戦狼的言説には、意外と彼の真意が反映されている。私はそう想像している。

薛剣が回帰した中国農民の精神は、毛沢東の死後も中華人民共和国の底流に存在し続けてきた。それに対して、指導者として久しぶりに親和性を示したのが習近平だった。中国の現体制において、習近平個人の意思がどこまで貫徹されるのかは疑問もある。だが、海外派出所や戦狼外交のような極端に粗雑な政策は、習近平時代でなければ生まれていないことも確かだろう。

そんな習近平の個性は、日本に対する意外な政策としてあらわれつつある。

次章ではこちらを深掘りしよう。

# 第四章
# 習近平の日本原体験と対沖縄・宗教工作

2001年2月、那覇を訪問した若き習近平（関係者提供）

## すくなくとも五回の訪日経験

近年、日本をターゲットとする戦狼中国の動きは明らかに活発化している。

だが、すこし前までの習近平の対日姿勢は、良くも悪くも「低調」だった。

二〇一三年以降の彼の政権下では、前代の胡錦濤時代のような日中友好に色気を示すアプローチがほぼ消え、コロナ禍の関係もあるが日中両国の首脳の往来も限られるようになった（多数国間会議への出席以外では二〇一八年の李克強訪日と安倍晋三の訪中のみ）。

いっぽう、胡錦濤時代には大規模な反日デモが十年間で三度も起きたが、習近平政権下では無風だ。日中間の領土問題をめぐる過度に挑発的な行為（尖閣諸島近海で日本の海保巡視船に漁船を突撃させるなど）も、すくなくとも二〇一〇年代までは目立たなかった。

海外派出所の設置や戦狼外交官の赴任、さらにスパイ容疑による在中邦人の拘束などは、日本に対する前例なき揺さぶりとはいえ、実は同様の行為は他の西側主要国に対してもおこなわれている。

しかし、ここ数年、日本だけを対象とする特異な動きがいくつか見られるようになった。

それは沖縄と宗教界をターゲットにした工作だ。

両者はいずれも、習近平の過去の個人的な経歴が大きく関係している。実は彼は党幹部としてのキャリアの初期に、すくなからず日本を訪れたことがあるのだ。

習近平は二〇〇〇年代前半までに最低でも五回の訪日経験があり、北海道・大阪・兵庫・福岡・長崎・沖縄などに足跡を残している。その多くは、福建省で勤務していた時期に友好提携を結んでいた日本側の自治体への訪問を通じてなされたものだ。さらに往年の彼は、福建省の代表者としての立場で無数の日本人訪中団を接待し、何人かの日本人ビジネスマンと親しい関係も築いていた。

若き日の習近平の経験は、いまやいかなる形の対日アプローチとして結実しているのか。往年のエピソードも踏まえつつ見ていこう。

## 沖縄を狙いはじめた中国

まずは沖縄である。

日本では保守層を中心に、しばしば中国の沖縄に対する野心が論じられている。ただ、現実の中国は尖閣諸島を除く地域に対して、最近までは強い関心を示してこなかった。

私が二〇二〇～二〇二一年に沖縄県内で数回にわたり調べたところ、辺野古などの基地反対運動に対する中国の明確な関与は確認できず、沖縄の一部の知識人が提唱する琉球独立運動に対しても、中国の姿勢は前のめりとは言い難かった。日本でしばしば噂される、中国人による米軍基地周辺の土地やマンションの購入も、実態は極めて限定的だった。

二〇二〇年六月の統計で、沖縄に定住する中国人（中華人民共和国国籍者）は二千七百八十六人で、県民人口（約一四三・八万人）に対する比率は約〇・二％だ。これは同時期の全国平均（約〇・六％）を大きく下回り、県内の中国人コミュニティは脆弱である。

沖縄の県民世論も、二〇二三年の調査で、「中国の軍事力増強は日本にとって安全保障上の脅威」とする設問に回答者の八一％が賛同している（『朝日新聞』二〇二三年六月二十八日）。沖縄は中国大陸との歴史的な関係が深く、本島を中心に日本政府やアメリカへの反発も根強いものの、中華人民共和国に対する警戒心は日本本土と大きく変わらない。

沖縄に対する中国の「工作」は、仮に水面下で存在した場合でも、数年前まではかなり限定的だったと考えていい。

だが、二〇二三年夏を境に、中国の姿勢はおそらく転換した。

その画期は、党中央機関紙の『人民日報』が同年六月四日に掲載した不思議な記事だ。内容は、同月一日に古文書を収集展示する国家版本館《こっかはんぽんかん》を訪問した習近平が、かつての琉球（沖縄）に関する文献を案内された際に、琉球と中国の歴史的関係に言及したとするものだった。これは彼が総書記に就任して以来、おそらく初の動きである。

　では、習近平はなにを言ったのか。

「私が福州にいたとき、福州に琉球館と琉球墓園があり、琉球との往来の起源が極めて古くからのものであることを知った。往年はさらに閩人《びんじん》三十六姓の入植もあった」

　背景の説明が必要だろう。

　広く知られる通り、沖縄には前近代まで日本国家とは異なる政治主体である琉球王国が存在し、中国王朝に朝貢をおこなっていた（江戸時代以降は日本の薩摩藩にも両属）。福建省の省都・福州は、かつての琉球王国が明清王朝に朝貢する際に船舶を入港させていた都市で、市内には出先機関として琉球館が設けられていた。また、中国側で客死した王国関係者や漂着民の墓地である琉球墓園も存在した。

　いっぽう、主に明代の十四世紀〜十七世紀に沖縄本島に移住して土着化した福建人（閩人）のグループもおり、これが閩人三十六姓（久米《くめ》三十六姓）の起源である。沖縄側では、居住地である久米村の琉球語音からクニンダと呼ばれる人々だ。

習近平が、沖縄県民以外の日本人の多くも知らないであろう、これらの琉球史の知識を披露した理由は、彼の若手時代――。すなわち「福州にいたとき」の経歴と関係している。

習近平は三十二歳だった一九八五年に厦門市副市長に任命されてから、二〇〇二年に浙江省に転出するまで十七年にわたり福建省に勤務し、最後の約一年九カ月は省内ナンバー2の福建省長を務めていた。ごく初期を除き、彼は省都の福州で執務していた。

この時期、習近平は福建省と友好提携を結ぶ沖縄県に何度も出張し、沖縄からの訪中団を受け入れていた。琉球史の知見は、これらの仕事のなかで深められたものだった。

## 「すべてを抱え込むようなオーラ」

「習近平さんはねえ、お会いしたときに非常に印象的だったんですよ。まず、表情がほとんどない。笑うときも、笑っているかいないかわからないくらいで。ただ、存在感だけは強烈にあった」

かつての習近平について、そう証言するのは元沖縄県知事（一九九八〜二〇〇六年在任）の稲嶺惠一《いなみねけいいち》である。私が取材した二〇二〇年九月時点で八十七歳だったが、立居振舞は矍《かく》鑠《しゃく》としており、言葉や記憶はしっかりしていた。

二〇〇一年二月二十七日、福建省長だった習近平は、同じく福建省と友好提携を結ぶ長崎県を経由して那覇にやってきた。現地では当時の知事である稲嶺を表敬訪問し、那覇市内にある中国式庭園「福州園」や首里城を視察している。

彼を迎えた稲嶺は、その半年前に開かれた九州・沖縄サミットで、クリントンやブレア、シュレーダー、シラク、プーチンといった世界の首脳と交流した経験を持ち、日本の自治体首長としては海外要人との接点が際立って多かった。父の稲嶺一郎は参議院議員や琉球石油（現・りゅうせき）の社長を務めた沖縄の重鎮で、惠一本人も琉球石油や南西航空（現・日本トランスオーシャン航空）のトップを経て県知事に当選、父子二代で本土と沖縄の政財界の中枢に触れてきた人物である。

だが、そんな稲嶺から見ても、福建省からやって来た身長百八十センチの巨漢は、並ならぬインパクトがあった。

「他国の政治家にはまったくいないタイプでしたよ。巨大な山みたいな。彼に随行する部下たちの動きを見ていて感じたのが、習近平さんは福建省を完全に掌握しているなと。これはずいぶんな大人物だろう、相当な力があるのだろうなと感じましたね」

稲嶺は知事時代、G8の首脳たち以外にも、台湾の元総統の李登輝や中国外交部長時代の李肇星《リィヂャオシン》、副部長（外務次官）だった時期の王毅《ワンイー》（現外交部長）ら、中華圏の大物政治家とも面識があった。

「普通、中華圏のおえらがたは、みんな声が大きくて、歴史や国際情勢について自分の知識をひけらかしたがるんですよ。自分がいかに優秀な人物かを常にアピールしたがるというか」

　華人の政治家は多弁な人が多い。食卓を囲めば健啖ぶりを発揮し、ときには冗談で場を和ませ、家族の話も気軽に口にする。だが、稲嶺が見た習近平は異なるタイプだった。

「声は穏やか。話し方はゆっくりしている。会話のなかで（興奮して）大声を出したりはしない。しかし、言語明瞭にきっちり喋る。プライベートなことなんかの、無駄な話は一切しない。だから失言はゼロです。ただし、面白い話もしない」

「では、稲嶺さんはそんな習近平に好感を抱かれましたか？」

「それがね、実に不思議な人なんですよ。強い好感を抱かせる要素はないが、反感は覚えさせない。才走った感じも、偉ぶる感じも、威圧感もない。まったくなにもない。しかし……。『大人《たいじん》』というか、すべてを抱え込むようなオーラがあった。彼を嫌う人はきっと誰もいない、もっと出世するだろうと思いましたね」

まだ習近平の名を知る日本人がほとんどいなかった時期だが、当時の稲嶺が抱いた予測は、やがて見事に的中する。ただ、当たらなかった予測もあった。

「穏やかな調整型の政治家に見えたんですよ。それがあんな独裁者と呼ばれる人物になるとは、想像もつかなかった。あそこまで爪を隠しおおせるものかと。そういう面では、すごい人物だと思いますよ。徳川家康みたいだよね」

いっぽう、当時の習近平に対して、沖縄県民として恩義を感じたこともあった。

稲嶺は知事在任中に中国を五回公式訪問している。最初の二回は習近平の訪日前（一九九九年、二〇〇〇年）におこなわれていた。

「福州の琉球墓園にお参りに行ったら、とてもきれいに掃除がなされていた。あれが福州でいちばん嬉しかった思い出だったんです。そこで習近平さんと会ったとき、最初にその話をして、感謝を述べた。『お墓を綺麗にしていただいてありがとう』と」

当時は日中間の経済格差が大きく、中国側が日本の公式訪中団を大喜びで迎え入れていた時代だ。福建省の王者であった習近平は、稲嶺の福州訪問を知ってひそかに墓園の清掃を手配した――。もしくは、部下の誰かが意向を忖度してそうさせたのだろう。

彼の強靱な統治力と、意外なほど心配りに長けた接待巧者ぶりが察せられる。稲嶺の回顧録『我以外皆我が師』（琉球新報社）によれば、習近平は稲嶺と会った時点ですでに、琉球王国に移住した福建人の末裔であるクニンダについての知識を持っており、二〇〇二年に稲嶺が福建省を再訪した際にはあちらからクニンダの話題を口にしたという。

二十一世紀初頭の時点で、すでに習近平は琉中交流史のキーワードを踏まえて沖縄県との省県外交を進めていた。

ならば、彼が最初にこれらの知識を得たのはいつだったのか？

## 琉球の歴史を知る

公式記録に当たる限り、習近平の最も古い沖縄訪問はおそらく一九九一年の初夏だ。

前年四月、三十六歳の彼は省内の辺境地域である寧徳地区の党委書記から、省都の福州市党委書記（および市の人民代表大会常務委員会主任）に栄転、大都市のトップとして経済建設や都市間外交に携わることになった。

そして一九九一年五月、那覇市で開かれた友好都市交流会に、福州市から来た十八人の友好訪問団の団長として参加したのである。

このとき、那覇市政七十周年と那覇・福州両市の提携十周年を記念する目玉的な事業として準備されていたのが、那覇市の久米——。すなわちクニンダゆかりの土地で建設中だった中国式庭園・福州園である（一九九二年九月開園）。総工費九億七千万円以上をかけ、庭園の建築資材や、木工・瓦工・石工などの技術者は中国側から調達するという、那覇市から福州市への実質的な経済援助が盛り込まれたプロジェクトだった。

当時は六四天安門事件の衝撃が払拭できていない時期だったが、まだ日中友好ムードが色濃く残っていた。バブル景気の余波がたっぷりとあった時代背景もあり、この友好事業は当時の沖縄側でもおおむね好意的にとらえられた。

いっぽう、福州市の側も那覇市との友好提携のためにハコモノ行政的なプロジェクトを立ち上げた。琉球館の復元である。中国側の資料によると、こちらは沖縄訪問に先立つ一九九一年三月、習近平がみずから計画を決定したという。

往年、福州の琉球館は正式名称を柔遠駅《じゅうえんえき》といい、明朝の朝貢貿易の管轄官庁だった提挙市舶司の附属機関として設置されていた。もとは福建省南部の泉州に置かれていたようだが、十五世紀後半に那覇と近い福州に移された。

この琉球館は、一八七九年に琉球王国（琉球藩）が日本の国家体制に組み込まれて沖縄県となったことで役割を失い、いつの間にか建物もなくなっていたのだが、その外観を復元した博物館が作られたのである。開館式典は一九九二年十二月九日に福州市内でおこなわれ、那覇市からも市の収入役と市議会議長が出席している。

このときの式典について、当時の那覇市長だった親泊康晴《おやどまりこうせい》の回顧録『心　水の如く』（沖縄タイムス社）には以下のような記述がある。

〈福州市人民代表大会常務委員会主任の翌近平氏より、「長年の懸案であった琉球館を関係者の全面的協力により復元することができた。今後は、福州市対外関係史館として活用し、新たな交流の拠点にしたい」とあいさつがあったとのことである。これは、かつての福州と琉球の関係をより密にして友好を深めるとともに、日中友好関係をより深くしたいとの表れではなかったかと思う〉（同書一八九ページ、傍点部筆者）

翌近平ならぬ習近平にとって、琉球館の開館と那覇市との友好提携の促進は、キャリアの初期における思い出深い業績なのだった。

ちなみに、稲嶺惠一ほか複数の沖縄財界人の証言によれば、福州市に合弁会社を展開して那覇の福州園の建設事業にも関係したとみられる沖縄の石材会社Sの先代社長が、この時期の習近平と親しく付き合っていたという。当時の習近平はまだ三十代でフットワークが軽く、他にも彼と白酒《バイジュウ》（中国焼酎）を何度も酌み交わしていた日本人商社マンも存在する。若き習近平は酒豪であり、杯をどれだけ重ねても酔う様子を見せなかったという。

ほか、大阪に本社を置く仮設建物リース業大手の東海リースも、当時から福州市に進出していた。創業者で元社長である塚本幸司は、大阪の自宅に習近平を二回も招いている。中国側で刊行された習近平の地方勤務時代の証言集『習近平在福州』（中共中央党校出版社）によると、一回目の訪問は一九九一年五月とされ、なんと塚本の妻から手料理を振る舞われている。習近平は那覇に向かう前か後に、大阪で日本の家庭の味を楽しんでいた。

この時期の習近平と深い接点を持った日本人は、存命の場合でも九十歳前後で、すでに証言を聞くことはできない。だが、習近平の日本認識の原点が、一九九〇年代前半の交流のなかで形作られたことは間違いない。

彼が北京の国家版本館で言及した琉球館、琉球墓園、閩人三十六姓（クニンダ）といった特異なキーワードも、すべて約三十年前の仕事のなかで学んだものだった。

## クニンダ訪中団の受け入れ

福州園と琉球館の完成から数年後、習近平はクニンダと再び接点を持った。

「国家主席になったとき、テレビを見て驚きましたよ。印象がまったく変わらないからすぐにわかった。『俺はむかし習近平と握手したことがあるぞ』と人に話すと、みんなびっくりするんですよね」

那覇市内でそう笑ってみせたのは、七十代のクニンダである國吉《くによし》だ。

一九九五年、國吉はクニンダたちの親睦団体・久米崇聖会が主催した訪中ツアー団に参加して、数百年以上前の祖先の故郷である福建省に渡航。その際、当時は福州市党委書記だった若き習近平と接している。

「もちろん、最近の報道で言うような独裁者になるなんて、あのときは思いもしませんでした。私たちに会ったときは『はるばる遠くからよく来たねえ』とでも言いたげな感じで。優しそうな、でっかいおじさんでしたよ」

クニンダの祖先たちは、十四世紀〜十七世紀にかけて福建省から移住し、琉球王国の士族階級として通訳や技術職に携わってきた。

彼らはながらく琉球に住み続けたことで、いまや言語や文化・生活習慣の面では琉球人

（日本人）と完全に同化している。ただ、儀間《ぎま》、名嘉山《なかやま》、具志堅《ぐしけん》といった琉球風の苗字（大和名《ヤマトナー》）の他に、父系の血族集団である門中《ムンチュー》ごとに「蔡、林、梁」など祖先の中国姓（唐名《カラナー》）と、一族の歴史書である家譜《かふ》を伝える（なお、門中の概念や唐名を持つ習慣自体はクニンダ以外の琉球人にも存在する）。また、クニンダ全体で久米崇聖会を組織し、那覇市内にある孔子廟の祭祀を守っている。

　現代のクニンダたちのアイデンティティは完全に日本人（沖縄県民）で、中華人民共和国に対する政治的なシンパシーはまったく持っていない。だが、自分たちの祖先に対する誇りと、名族としての自負は強い。

　クニンダはいまなお、沖縄社会における伝統的なエリート層の一部を構成しており、地方自治体の首長や議員には何人もクニンダ系の人がいる。本土復帰後の第六代知事として辺野古の埋め立てを承認した自民党の仲井《なかい》眞《ま》弘多《ひろかず》も、クニンダのなかで最古の名家・蔡姓門中の出身だ。

　余談ながら、二〇一六年に台湾で蔡英文《ツァイインウェン》が総統に当選した際は「沖縄でも台湾でも蔡姓は優秀だ」と彼らの間で話題になったという。東南アジアの各国では、タイのタクシン元首相やフィリピンのコラソン・アキノ元大統領など、国家のエスタブリッシュメントが華人系のルーツを持つ例が多いが、琉球も本来は似た性質を持つ土地なのだ。

さておき、クニンダたちはながらく父祖の地である中国大陸とは切り離された存在だったが、日本人の中国渡航が容易になった一九八〇年代からは、自身のルーツを探して福建省を短期訪問する人が増えた。

國吉が久米崇聖会の訪中ツアーに参加したのは一九九五年十二月である。訪中にあたって、当時の那覇市長の親泊康晴が福州市に連絡したところ、市のトップである習近平が対応してくれたという。

ツアー二日目の十二月七日、一行は昼間に琉球館と琉球墓園を訪れた後、夜に福州市接待所の于山堂で市の歓迎レセプションに出席した。当時、宴席の主催者だった習近平は、クニンダたちを前にこんな話をしている。

「皆さん、ようこそいらっしゃいました。福州に来て自分の家に帰った気持ちでしょう。一九九一年に私は沖縄に行きました。その時、久米村の皆さんのご先祖の三十六姓のことを聞き大変印象に残っていました」

「福州市は解放（注・中華人民共和国建国のこと）されてから発展してきましたが、21世紀に向けてもっと大きく発展させることは、皆さんとも共通の願いとおもいます。今回の訪問を機会に、三十六の皆《ママ》さんの力添えで福州への援助や各方面からの協力を期待したい。
今夜はほんとによくきてくれました。明日からの祖先の地を訪ねる旅で何か要望があればなりと申し付けてください。良き旅をお祈りし歓迎のご挨拶とします」
（一般社団法人久米崇聖会『第二回　中国視察報告書＝福州市をたずねて＝』／注釈は筆者）

この時期の習近平は、みずから旗振り役になった琉球館の再建プロジェクトを成功させたところであり、クニンダ訪中団の受け入れは喜ばしい話だったのだろう。いっぽう、日中間の経済格差が大きかった時期ゆえに、海外からの経済援助の誘致は地方政府にとって優先度が高い課題だった。

國吉たちは大歓迎を受け、福州市内ではどこへ行くにもパトカーで先導されたという。帰るときには「習近平寄贈」と金文字が書かれた白い壺を土産にもらい、意気揚々と那覇に戻った。

なお、当時の中国の国力は弱く、習近平の地位も一地方都市のトップにすぎなかった。まだ尖閣問題すら先鋭化していない時代であり、中国国家も習近平も、沖縄に対して積極的な取り込み策を図る理由は薄かった。外交方針としても、鄧小平が主張した韜光養晦《とうこうようかい》（能ある鷹は爪を隠す）戦略が取られ、冒険的な行動が嫌われた時期であった。

ゆえに、往年の習近平の琉球史に対する関心は、彼の個人的な興味や実務上の必要性にもとづく面が大きかったはずである。こうしたスタンスは、二〇〇〇年代前半に福建省長の立場で稲嶺と省県外交をおこなった時点でも変わっていなかった。

だが、いまや中国は日本を上回る強国となり、外交方針は韜光養晦どころか「戦狼」にスイッチしている。二〇二三年現在の習近平が、琉球史に言及したとなれば、その意味は過去とは異なるものとならざるを得なかった。

## 尖閣へのギアを引き上げた

二〇二三年六月一日、習近平が国家版本館で見た文献は『使琉球録《しりゅうきゅうろく》』という。

これは一五三四年に琉球に渡航した明の官僚・陳侃《ちんかん》の出張報告書で、中国史の全体のなかではマイナーと言っていい文献だ。しかし、学術的な価値とは別の事情から、近年の日中関係においては極めて重要な政治的意味を持っている。

理由は『使琉球録』のなかに、尖閣諸島の地理的位置と、それに対する当時の琉球人の反応が、間接的な形ながらも描かれているためだ。

陳侃はこのとき、明朝が琉球王国の尚清王《しょうせいおう》を冊封《さくほう》するにあたっての正使として渡航を命じられていた。そして、中国の福州港を出発後、沖縄本島へと至る航路において以下のような光景を見て、報告書に記載した。

〈平嘉山を過ぎ、釣魚嶼《ちょうぎょしょ》（尖閣諸島）を過ぎ、黄毛嶼を過ぎ、赤嶼を過ぎ（略）。在後十一日、夕に古米山（久米島）を見ゆ。乃《すなわ》ち琉球に属するなり。夷人（琉球人）、舟において歌舞し、家に達すと喜ぶ〉

（琉球大学　琉球・沖縄関係貴重資料デジタルアーカイブ『使琉球録』／原文は漢文。書き下しと注釈は筆者による）

つまり、尖閣諸島を通り過ぎて十日以上の船旅を経てから、沖縄本島の周辺海域に位置する久米島が見え、そこで船に同乗していた琉球人たちが「故郷に帰ったぞ」と大喜びしたと書いているのだ。

現代の中国政府は尖閣諸島の領有権を主張する際に、歴史的に尖閣諸島が琉球領ではなかったことの根拠としてこの記述をしばしば引用している。

むろん、当時の陳侃の船に乗った琉球人たちが尖閣諸島を「自分の故郷」だと考えなかったとしても、島が中国領であることの証明にはまったくならない。だが、中国政府としては、領有を強弁するにあたって些細な論拠でも持ち出す必要があり、『使琉球録』はそのための重要な史料に位置付けられている。

習近平がわざわざこの文献を「見た」と伝えた『人民日報』の記事は、現政権が尖閣問題に対してギアを引き上げたことを示すと考えていい。

なぜなら『人民日報』はただの新聞ではなく、中国共産党中央の機関紙として、党の意向を外部に示す文献としての役割を持っている。たとえ何気ない要人動向を伝える記事でも、そこにはしばしば一定の含意があるのだ。

のみならず、『人民日報』記事では、習近平が尖閣以外の琉球史に言及したことまでアナウンスされている。

現体制下において、習近平の一言はなによりも重要な政治的意味を持つ。彼に忖度する官僚たちが過剰反応を起こして動き、政策の方向性が定まることが極めて多いためだ。

## 玉城デニーを大使よりも優遇

中国の変化を如実に示すのが、この翌月に北京を訪問した玉城《たまき》デニー・沖縄県知事に対する中国側の扱いである。

七月三日から七日にかけて、日中友好団体の日本国際貿易促進協会の一員として訪中した玉城は、国貿促会長の河野洋平らとの同席の形ながら、国務院総理で党内序列二位の李《リィ》強《チャン》、商務部部長王文濤《ワンウェンタオ》らとの会見をセッティングされている。李強と会見した際の玉城の席次は河野に次ぐ二番目で、駐中国大使の垂秀夫《たるみひでお》よりも上席に置かれた。

ちなみに沖縄県が国貿促の訪中団に加わるのは今回が六回目だ。前々任の仲井眞弘多は副知事を名代に送ったが、前任の翁長雄志《おながたけし》は本人が三回訪中。さらに玉城も二〇一九年に訪中を経験しているため、今回が二回目である。

ただ、前知事の翁長が二〇一五年と二〇一七年に李克強総理と面会した際の席次はいずれも三番目（大使の次）だった。また前回の玉城の訪中では、席次こそ大使よりも前の二番目に置かれたが、面会相手は副総理の胡春華《フウチュンホア》と格落ちだった。

二〇二三年七月の中国側は、以前よりも玉城に対する扱いのランクを上げているのだ。

もちろん、習近平が玉城と直接面会したり、李強が単独で長時間面会したりするような、露骨な「厚遇」ではない。だが、中国側の関心が上昇したことは確かである。

習近平の国家版本館の訪問以降、中国では沖縄と中国の交流史を取り上げる報道が増えた。さらには、台湾問題で反中国的な立場を強めた日本へのカードとして、中国が琉球独立を認める手があると主張するネット記事も出はじめた。

いっぽう、ＢＢＣの中国語版をはじめ反中国政府系の複数の在外華人メディアも、習近平の動きについて、中国の沖縄に対する方針転換を示すとして大きく伝えている。今後、日本が台湾問題への介入を深めた場合に、中国側が沖縄の領有権を主張して対抗する可能性を指摘する分析は、これらの海外報道からも聞こえてくる。

国家版本館における習近平の発言自体は、福建時代に話していた内容とほとんど変わらない。だが、かつて友好活動を通じて育まれた知識は、いまや台湾問題にからんで日本を牽制する戦略の材料として用いられつつある。

稲嶺が言う通り、習近平は豹変したのだろう。国家指導者の立場で自国の核心的利益に向き合うとなれば、往年のにこやかな握手は意味を持たない。

### 長崎の料亭で歌う

ところで、福建勤務時代の習近平は、沖縄のほかに長崎県とも深い縁を結んだ。

こちらの経験も、近年の日本の宗教界に対する習近平政権のアプローチという意外な結果につながっている。

長崎は江戸時代の鎖国（管理貿易体制）のなかでも清船の来航を受け入れてきた街だ。当時、長崎貿易には福建省の出身者が多かったため、市内には黄檗《おうばく》宗（第三章参照）の中国風寺院や福建会館（福建省出身者の同郷組織）などが残る。幕末の開国とともに、日本三大中華街のひとつである長崎新地中華街も誕生した。

こうした事情から、長崎県は積極的に福建省との友好提携を進めてきた。一九九〇年に福州市党委書記に就任した習近平も、同年もしくは翌年に長崎の土を踏んでいる。このとき、彼は長崎市内にある黄檗宗寺院の崇福《そうふく》寺を訪ね、福州市の写真を寄贈した。

さらに習近平は一九九三年にも長崎を訪問。一九九九年には福建省長代行の立場で、前年に当選した長崎県知事・金子原二郎率いる訪中団を受け入れ……と、関係を続けていく。

関係が大きく動いたのは、福建省長に出世後の二〇〇一年二月の長崎再訪だ。

「習近平さんが表敬訪問に来た際、県庁の職員に全員総出で玄関から廊下までズラッと並んでもらって、拍手で出迎えたんです。前（一九九九年）に私たちが訪中したときに福州でお世話になったから、お礼にと思ってね。これが喜ばれたみたいなんだ」

市内の事務所で金子原二郎はそう話した。彼は衆議院議員を経て、一九九八年から県知事を三期十二年。その後は参議院議員に転じた人物である。

当時、四十七歳の習近平は、福建省と友好関係にあるオーストラリアのタスマニア州を訪問した後にニュージーランドを視察、それから大阪に飛んで一泊後、長崎・那覇・札幌を回って中国に戻る日程だった。十五日間の外遊のうち六日間が日本滞在だ。

長崎に到着した二月二十六日午後、習近平はハウステンボスや三菱重工長崎造船所、原爆資料館などを視察し、その後に長崎県庁にやってきた。

同夜、習近平は意外な体験をすることになる。

「長崎の『橋本』という料亭に習近平さんを連れて行った。人数は福建省側が七~八人、こっちも七~八人だ。僕はもともと、知事時代に中国から（友好交流で）人がお見えになると、料亭に連れて行っていたんだ。芸妓さんを呼んだりする場合には自分でお金を出してね。よその首長はあまりやらないそうだけれど」

長崎の卓袱《しっぽく》料理には、豚の角煮など中華料理の要素もある。大勢で円卓を囲み、大皿の料理を箸でつつく打ち解けた雰囲気は、オセアニア帰りの多忙な習近平の心を和ませた。

「ずいぶん喜んでくれてね、もう、ほんとに。感激していた様子で」

当時の県側の報告書には「長崎検番による日本舞踊（福建省側からの要望あり）」という

記載がある。つまり、習近平のリクエストで芸妓衆《げいこし》がお座敷に上がり、三味線と唄と踊りを披露したのだ。別の情報では、このときの彼はみずから歌まで歌ったという。

「金子さんは非常に、政治家ですねえ」

くつろいだ習近平は、そんな言葉さえ漏らした。

――金子と習近平の奇縁は、その後もしばらく続いた。

二〇〇六年に金子が県の代表団を率いて上海を訪れたとき、浙江省の党委書記である習近平が、長崎県と提携関係がない自分の任地に彼らを招待する異例の対応を見せたのだ。

「私の家内や県議団も一緒だから、こちらは二十人くらい（の大所帯だった）。習近平さんは表敬訪問の時間を減らして、宴会に長い時間を取った。こちらに（気楽に過ごせるように）気を使ってくれたんじゃないかな」

浙江省人民大会堂で中国楽団の演奏をバックに歓迎の宴が張られたという。接待の気配りがきくところは、やはり習近平の強みである。

「食事をしながら『書記は何を一番大事にしていますか？』と聞いてみた。すると、『地方によく視察に行く。だいたい一カ月の半分は地方回りをしている』と。自分は現場主義なのだと盛んに言っていた。寡黙な人物だけれど、この話題については饒舌だった」

このとき金子夫妻に対して、習近平はめずらしく自分の家庭事情まで明かしている。妻の彭麗媛《ポンリーユエン》について「歌手の仕事が忙しく、一緒に生活していない」と話したという。

二〇〇七年秋に習近平が中央政界に入ると、金子との仲は外務省や日本側のマスコミ関係者らから注目されたが、当の金子はほどなく知事を離れた。

やがて習近平は国家主席となるが、二〇二〇年に予定されていた来日はコロナ禍で中止となった。金子はその翌年に岸田文雄政権下で農水相になったものの、約一年間勤め上げて政界を引退した。今後、両者が再会する可能性は高くない。

「今になって思うと、私が知事をやっていたときに、もっと福建省側と人脈を作っておけば良かった。彼の福建省時代の部下が、いまはたくさん抜擢されているでしょう？　でも、当時は目の前にいる人が、そこまで偉くなるなんて思わなかったからね」

かつての習近平は金子との付き合いで、ときに心の扉を開くことがあったが、日本側はそれを活用する機会を持てなかった。

反面、習近平の長崎経験は、近年の中国側の対日工作の伏線となっていく。

## 黄檗宗への工作活動

「私が福建省で仕事をしていたとき、十七世紀の中国の名僧・隠元大師が日本に渡航した故事を知った。隠元大師は日本において、仏教の教義を伝えたのみならず、先進的な文化と科学技術をもたらし、日本の江戸時代の社会や経済の発展に重要な影響を与えた」

これは二〇一五年五月二十三日、北京の人民大会堂で開かれた中日友好交流大会の席上における、習近平の「重要講話」である。

明人の渡来僧・隠元については第三章でも述べた。習近平は一九九〇年代初頭、長崎で黄檗宗の寺院を訪れたときにその名を知ったようだ。ちなみに黄檗宗は隠元を祖として日本で成立した宗派なので、中国国内では知名度が低い。隠元が来日前に籍を置いた福建省福清市（現地名）の黄檗山萬福寺も、地元以外ではほとんど知られていない寺院である。だが、中国ではこうした習近平の一言が、政治キャンペーンや工作活動の契機となる。「重要講話」の発表前月に組織された福清黄檗文化促進会（以下、福黄促）なる団体が、黄檗文化を看板として日中交流活動の現場に盛んに加わりはじめたのだ。

まずは二〇一六年六月一日、福黄促が中国僧三十五人と在日華人ら合計二百人を引き連れて、宇治の萬福寺でおこなわれた隠元禅師の来日三百六十二年（三百六十三年とする報道もあり）法要に参加する。さらに同年八月には、福黄促会長の林文清《リンウェンチン》が団長を務める千人規模の黄檗文化交流団が長崎を訪問した。十月には東京において一般社団法人黄檗文化促進会という、福黄促と似た名を名乗る在日華人団体も組織された。

「○○促進会」という団体名は、中国についての政治的な知識があればピンとくる。

　これは中国共産党のインテリジェンス機関である統一戦線工作部（統戦部）が、系列下のフロント団体にしばしば名乗らせる名称なのだ（最も有名なのが、日本を含めた世界各国に支部を置く中国和平統一促進会である）。ちなみに統一戦線工作とは、中国共産党が国内外の友好的な組織や個人に「交流」を働きかけて党の認識を刷り込んだり、中国の国益に見合う言動をとるよう仕向けたりする工作のことである。

　事実、二〇一六年九月一日には、福黄促の代表者である林文清が、福清市党支部統戦部長の陳存楓《チェンツンフォン》を連れて宇治の萬福寺を訪問し、黄檗宗管長の近藤博道と会談をおこなった事実が確認されている。

　また、林文清が二〇一九年に北京で開催された建国七十周年式典に、党中央統戦部の招待を受けて参加したことも、福黄促の微信公衆号《ウェイシンゴンチョンハオ》（公式情報発信アカウント）の情報から判明している。林文清と福黄促が党の統戦部と深い関係を持ち、計画的に日本の黄檗宗に接近していることは明らかだろう。

ちなみに、駐大阪総領事である何振良《ホォチェンリャン》や薛剣《シュエジエン》が、盛んに萬福寺に接近しているのも（第三章参照）、同様の動機によるとみられる。習近平の「重要講話」の方針に従うべく、セクションが異なる党の統戦部と中国国家の外交部が、黄檗宗の取り合いをおこなっているのだ。

「そうした事情はまったく知らなかった。林文清さんも薛剣さんも、『黄檗宗に興味がある』とおっしゃっていて、熱心な信者のように見えたんです」

黄檗宗の宗務総長に事情を聴いたところ、そんな返答があった。黄檗宗は、林文清が連れてきた人物が統戦部の幹部だったことも、薛剣がダライ・ラマ十四世を口汚く罵っていることも把握しないまま、〝友好的〟な彼らを受け入れてしまっていたらしい。

## 海外派出所の展開と通じる対日宗教戦略

中国がここまでして、小宗派にすぎない黄檗宗に接近する理由はなにか。

もちろん、習近平ゆかりの宗派と友好関係を構築すれば、体制内で高い評価を得られるという、戦狼中国の官僚ならではの単純な忖度のロジックもあるだろう。

ただ、たとえ当初の動機がその程度だったとしても、中国の各機関と日本の黄檗宗の関係が深まったことで、より大きな戦略が「後付け」で生じた可能性もある。

それは、黄檗宗を日本の伝統仏教界の全体にアプローチする橋頭堡にすることだ。

黄檗宗は信者数が七万四千人弱の小宗派だが、日本の伝統仏教の主要十三宗派の一角を占め、伝統仏教界の連合団体である全日本仏教会（全日仏）にも加盟している。ゆえに、信者の数では数倍〜数十倍の規模をほこる曹洞宗や天台宗のような大宗派に対しても、対等な権威と社会的信用を持っている。

伝統仏教は檀家が固定化されているため、各宗派の競合関係は薄く、むしろヨコのつながりが強い。これは外部から見れば、たとえ黄檗宗のような小規模な宗派でも、友好関係を結ぶことに成功すれば、他の大宗派に対してもチャンネルが開くことを意味する。

事実、林文清は二〇一九年三月に黄檗宗大本山の萬福寺を訪ねてから、同じ禅宗系の大宗派である曹洞宗の系列校である駒澤大学を訪問。二〇二一年春にも、福黄促の訪日団が都内で複数の黄檗宗寺院を訪ね、さらに横浜市鶴見区にある曹洞宗の大本山總持寺を訪れている。

なお、林文清がこれらの日程のなかで、福田康夫や鳩山由紀夫ら日本側の親中派人脈の大物や、秋葉原で海外派出所を運営する日本福州十邑社団聯合総会（第一章参照）の幹部の郭聯輝《グォリエンフイ》と会っていたことも、在日中国人向けの中国語ニュースなどで確認されている。

二〇二三年三月には福黄促が組織した福建黄檗文化交流団が来日し、浄土宗宗務庁と増上寺（都内港区）、曹洞宗の駒澤大学禅研究所、臨済宗の建長寺（鎌倉）・南禅寺・妙心寺（ともに京都）、さらに日蓮宗の寺院や新宗教の立正佼成会などを訪れた。

林文清らの大宗派・大寺院めぐりは、いずれも日程の最初に宇治の萬福寺を訪れて黄檗宗管長らの中心人物に会っていたり、訪日自体が萬福寺側からの招待の形を取ったりしているという特徴がある。

党の統戦部が黄檗宗との友好関係をパスポート代わりにして、日本の伝統仏教の大宗派にアプローチしている可能性は高い。年を経るにつれて、彼らが一度の訪日で接触する宗派数や寺院数も増えている。

ちなみに、中国共産党は宗教に対して抑圧的なイメージが強いが、彼らの弾圧はもっぱら「海外勢力」とつながりが深いキリスト教やイスラム教などの外来宗教や、法輪功のような「邪教《シェジャオ》」（新宗教）に向けられている。

習近平政権は二〇一五年以降、「宗教の中国化」を打ち出しており、中国土着の道教や、インド発祥とはいえ完全に中国に根付いている仏教に対しては、党の監督下にある限りはむしろ肯定的である。いっぽうで中国の仏教界も、過去長年にわたり歴代王朝に従うことで生き延びてきた歴史を持つだけに、中国共産党の支配にも極めて従順に服している。

　近年でも、武術好きのロシアのプーチンとの交流に拳法で有名な嵩山少林寺が用いられたり、習近平が二〇一七年の一帯一路国際合作フォーラムの基調演説で中国仏教とユーラシアの縁について三度も言及したりと、中国共産党が仏教を利用する事例は数多い。なお、中国で宗教行政を管轄する国家宗教事務局は、党の中央統戦線部の事実上の傘下にある組織だ。

　目下、戦狼外交や海外派出所と並行して対日仏教工作が進行していることは、中国当局の発想からすれば違和感のない行動なのだ。

　かつて琉球史がらみの記念プロジェクトに携わったり、長崎でお座敷遊びを堪能したりした習近平の楽しい日本原体験は、いまやそれぞれが巨大な工作活動に化けつつある。

## 第五章

# プロパガンダに協力する日本人

2022年9月17日に都内の有明で開かれたファンイベントに登壇した竹内亮。200人ほどの参加者の大部分は中国人だった。

## ネット動画でプロパガンダを刷り込む

世界的にヒットしたショート動画サービス『ＴｉｋＴｏｋ』（中国では『抖音《ドウイン》』）を生んだ中国は、老若男女を問わず動画コンテンツの人気がすこぶる高い。

中国互聯網絡信息中心（ＣＮＮＩＣ）のレポートによれば、二〇二二年の中国全土のネットユーザー数は約一〇・三二億人にのぼり、そのうち九四・五％に相当する九・七五億人が動画の視聴者だ。近年は、国営放送局のＣＣＴＶをはじめ国内メディアがこぞって動画配信に注力しており、各種のプラットフォームにおいて、視聴者の目を引く装いをこらしたニュース動画が盛んに流されるようになっている。

だが、そのなかには、巧妙なプロパガンダと思われる内容のものもすくなくない。

たとえば、さも娯楽的なコンテンツのような装いで、アメリカの強盗事件の現場など西側社会の欠陥を強調する映像や、香港デモの現場でのデモ隊の暴力行動などがおもしろおかしい字幕や音楽とともに流されることは多い。

二〇二三年八月末に日本が福島第一原発の処理水の放出をおこない、中国政府が日本産の海産物の禁輸措置を取るなど激烈な反発を示した際には、往年の水俣病の患者の映像に

「（日本の公害で）人間がゾンビ同然になる」と字幕を付けた扇動的な動画も盛んにシェアされた。

また、美しい景色や地方のニュースを紹介するという体裁で、少数民族に対する人権弾圧が懸念されている新疆ウイグル自治区の平和的な動画や、大都市の夜空を舞う大量の発光ドローンが愛国的な語句やイメージを見せる動画が流されることも多々ある。

ネット動画の特徴は、それが受動的なメディアである点だ。ニュースの記事やSNSの書き込みは、情報の受け手に「読む」という能動的な作業が必要だが、動画の場合はなんとなく自動再生され、ダラダラと視聴されることが多い。

これはプロパガンダの観点から見た場合、他の楽しげな動画のなかに党の見解を伝えるコンテンツを混ぜ込めるので便利である。自分が求める情報に能動的にアクセスするインテリ層に対してではなく、社会問題に深い知識も興味関心も持たない大多数の庶民に向けて、党や国家の立場を補強する「なんとなく正しそうな情報」を刷り込めるメリットは大きい。これに加えて、単なるアクセス稼ぎが目的の個人も含めた有象無象の発信者たちが、「愛国的」で庶民ウケがよさそうな動画を日夜流し続けている。

結果、視聴者側は暇つぶしのつもりで動画をダラダラ見ているうちに、いつのまにか西側の体制に対する不信感や、中国共産党の公式見解や愛国イデオロギーが自分の意識の底に内面化されることになる。

ちなみに、習近平は政権の立ち上げから二年が経った二〇一五年五月、中央統戦工作会議の席上で、ネット空間を「イデオロギー宣伝工作の主たる陣地」であると位置づけている。さらに同月に発表された講話「サイバー空間での意識イメージ闘争に断固として勝利する」でも、ネットの言論空間における党の主導権の掌握が「国家の主権と中国共産党の主権を守る」ことにつながると主張。これらが、現代中国のネット世論に対する党の戦略の基本方針である。

ゆえに習近平政権のネット政策は、前政権時代までのような反体制言論の取り締まりのみに重点を置く形ではなく、党がネット空間に積極的にプロパガンダを注入し、ネット世論の動向全体を政権に好ましいものへと誘導していく傾向が顕著になっている。

近年、中国の戦狼外交は国際的な批判をよそに、庶民から強い支持を受けている。

その大きな理由も、中国の報道やインターネット情報を彩る積極的なプロパガンダと、ゆえに生じる人々の認知バイアスや情報のエコーチェンバー（SNS上で似たような意見が反響し合い強化されていく現象）にある。

## 代表的日本人「竹内亮」

いっぽう、中国のプロパガンダには、好まれがちな図式がいくつか存在する。

そのひとつが、中国人から見れば第三者である外国人に中国の社会や政治体制、党の政策などを肯定させ、自国民に向けて党や国家の正しさを「客観的」にアピールする手法だ。

近年は中国人の愛国意識が極度に高まったことで、在中外国人のなかには、自国（西側諸国）を批判したり中国を褒め称えたりするネット動画を自発的に公開して再生数を稼ぎ、小遣い稼ぎをする人も増えてきた。

こうしたパンダハガーたちは有名になると当局に認められ、各種の栄誉や優遇措置を与えてもらえる（本来、「パンダハガー」はアメリカの親中的な政治家や官僚を指す言葉だが、近年の日本のネット空間では中国の体制に親和的な外国人の総称として使われている）。

パンダハガー的なインフルエンサーのなかでも、もっとも喜ばれるのが日本人である。中国人の民族感情から見て「敵」に位置づけられる日本人が中国の体制や政策を肯定すると、庶民の人気を集めやすく、当局にとってもありがたいコンテンツになるためだ。

こうした風潮に協力する在中日本人は何人かいるが、なかでも格段に高い知名度と影響力を誇るのが、映像ディレクターの竹内亮である。彼は中国人の妻とともに、中国南京市を拠点に数多くの動画を発表し続けてきた。

その内容はどのようなものか。

「日本って、ニュースが大げさじゃないですか。ここは毎日モノがないわけではないんですけど」

「普段とそんなに変わらないよ！」

たとえば二〇二二年四月八日、こうした証言を集めた動画がネット上に公開された。当時、ゼロコロナ政策のもとで市内の全域がロックダウンされていた上海において、現地で暮らす外国人の声を特集した内容である。

だが、上海のロックダウンは、現地の住民の間では極めて評判が悪かった政策だ。当時、市内では食糧不足による不満が広がり、緊急車両の到着が遅れてコロナ以外の重病者が亡くなるなどの大きな混乱が起きた。

中国社会に見切りをつけて、日本などに脱出する富裕層も増加した。市民を苦しめる災厄の正体が、防疫のためではなく政治的な理由による「人災」であることは、多くの在中外国人や冷静な中国人の間では公然の秘密だった。

ゆえに当該の動画は、なによりも上海で暮らす日本人たちの神経を逆撫でし、「誰に向けて作品を作っているのか」と苛立つ声がツイッター（現・「X」）などに数多く書き込まれた。だが、制作者の竹内自身はどこ吹く風だ。

彼はコロナ禍が始まって以来、最初の流行地である武漢の復興を描いた『好久不見《ハオジョウブゥジエン》、武《ウゥ》漢《ハン》』（お久しぶりです、武漢）をはじめ、中国政府のゼロコロナ政策の成功をアピールする動画を数多く制作。「国際友人《グォジーヨウレン》」（党に協力的な外国人）として当局の覚えがめでたくなった人物である。中国国内のSNSである微博《ウェイボォ》の公式アカウント（竹内亮導演：@5655882037）のフォロワー数も、いまや五百三十万人（二〇二三年九月現在）に達している。

そうした彼のスタンスからすれば、上海のロックダウンの被害を矮小化する作品を発表するのは、ごく当たり前の話であった。

**共産党体制を礼賛**

**〝日本の五大テレビ局のひとつであるフジテレビが『好久不見、武漢』を紹介しました。この報道はヤフーニュースの国際カテゴリーのアクセスランキング一位になりました！　報道の内容は非常に正能量《チェンナンリャン》です。ありがとうございます！〟**〔2020・7・1　原文は中国語〕

竹内が中国側でしばしば口にするのが「正能量」というキーワードだ。

これはもともと、自己啓発的な文脈で「ポジティブなエネルギー」を意味する、二〇一〇年ごろの中国のネット上の流行語である。ただ、習近平政権の成立後の二〇一三年八月、『人民日報』がネットインフルエンサーの言論を批判する文脈で用いたことで、政治用語としての意味を持つようになった。

すなわち、中国についてネガティブな情報（負面消息《フーミエンシャオシ》）を報じたり社会問題を批判したりする言説を自粛し、「正しい」世論形成のための体制肯定的な情報発信を推奨する言葉である。

竹内本人がそうした政治的意味を理解しているのかは不明だが、彼が中国で発表している動画や言説が、極めて「正能量」的であることは確かである。

彼の発信は、ゼロコロナ政策下の混乱や日本の福島原発の処理水排出問題のような敏感な政治的問題に一切触れないことはもちろん、二〇二三年夏に北京近郊で起きた大洪水のような天災や大事故に対する「おくやみ」的な言及すらほとんどない。基本的にすべてが明るく「正しい」話題である。

唯一、ネガティブで批判的な論調がみられるのは、「日本はキャッシュレス決済が遅れた不便な社会だ」「日本の中学校の数学の問題はレベルが低い」といった、中国側のフォロワーからのウケがいい日本批判のポストだけだ。

二〇二二年に刊行された竹内の著書『架僑』（ＫＡＤＯＫＡＷＡ）にはこんな記述もある。

〈よく日本人からは、「日本は民主主義で、中国は社会主義。選挙のない中国人は可哀想だ」と言われるが、有名なだけで選ばれた人たちが国や地方の舵取りをする、形骸化したシステムが、本当に中国よりも優れているといえるのだろうか〉

日本には戦後ながらく、中国共産党をほぼ無批判に礼賛する日中友好人士と呼ばれる人たちが存在してきた。だが、往年の友好人士たちに社会主義へのあこがれや日中戦争の贖罪意識といった論理的・思想的な動機が存在したのに対して、竹内の言動にそうした匂いはない。むしろ、民主主義の対立概念として「社会主義」を挙げている点からもわかるように、社会科学の基礎知識をほとんど持たない人物だと考えていい。

彼はもっと軽いノリで、何の疑いも葛藤も持つことなく中国共産党の権威に迎合し、中国を褒めたたえているのだ。

こうした姿勢は、二〇二〇年代に人気を博している他の親中派外国人インフルエンサーの多くとも共通する。竹内は彼らのなかにおける、最大の成功者なのである。

彼の姿からは、中国の戦狼外交と双璧をなす、パンダハガー利用工作の実態とそれに乗せられる人々の姿が見えてくる。

## もとはノンポリのテレビマン

竹内の前半生はいかなるものだったのか。

一九七八年、千葉県我孫子市に生まれた彼は高校を卒業後、映画監督を志して映像系の専門学校・東京ビジュアルアーツに入学。その後、大手テレビ局の下請けとしてドキュメンタリー番組を制作する映像プロダクション「ホームルーム」に勤務し、テレビ東京『ガイアの夜明け』や『未来世紀ジパング』、NHK『長江 天と地の大紀行』などの制作に携わった。当時の彼が関係した作品には、制作チーム全体としての評価ながら、日本のメディア業界では大きな権威を持つギャラクシー賞のテレビコンペティション奨励賞を受賞したものもある。

「入社したときから仕事ができる人間だった印象が強いね。明るいキャラクターだったが、仕事に対してはシビアで、きっちりやる。ただ、政治的なものへの関心はまったくないタイプだった。世代的なこともあるのかなあ」

ホームルームの代表で、著名なドキュメンタリー監督である広瀬涼二は、往年の竹内の印象をこう話す。実は中国に渡る前の竹内の評判は、仕事の手腕と人格のいずれについても、同業者や発注元のテレビ局関係者の間ではすこぶる良好だ。

いっぽう、広瀬は青年時代に六〇年安保を経験した学生運動世代であり、政治権力とは一線を画する気質が強い。ただ、部下だった竹内はそれを受け継がなかった。

「(権力への警戒心や批判的精神は)感じなかった。彼はそういうタイプじゃないな」

では、番組の内容について、スポンサーやテレビ局から理不尽な要望を押し付けられた場合、竹内は自分の作品づくりにこだわって突っぱねるタイプだったのか。それとも従順に言うことを聞くタイプだったのか。

「わりと、そこには悩まずに従うタイプだった」

ドキュメンタリー番組の制作において、プロデューサー(ホームルームの場合は広瀬)は全体の企画立案やスケジューリング、予算管理などをおこなう。いっぽうでディレクターは、その方針のもと、テレビ局との折衝や取材相手の選定、制作現場の総監督といった業務に従事する。

往年の竹内は、下請け構造の「川上《かわかみ》」の意向に逆らわずに制作物を期限内に仕上げるという点で、極めて「仕事ができる」制作会社の社員だった。

### 中国に渡ってからの変化

やがて竹内は、中国関連番組の制作で知り合った在日中国人女性の趙萍《ヂャオピン》と結婚して長男をもうけた。だが、社会人十年目にして制作会社を退職。趙萍の実家がある中国南京市に移住し、妻とその両親らとともに映像制作会社「和之夢《ホォヂーモン》」（ワノユメ）のほか、「創新世《チュアンシンシー》代《ダイ》」などのいくつかの会社を設立した。

ちなみに趙萍の父親の趙某は公務員だ。日本の公務員とは異なり、中国は党体制と行政機関が一体化しており、公務員は党権力を象徴する存在でもあるため（たとえば中国共産党の党機関の専従職員も「公務員」である）、趙萍の実家は体制にかなり親和的な環境だったとみられる。

ただ、趙某が役員に名を連ねる竹内夫婦の会社の資本規模はいずれも百万元程度（約二千万円）と、党幹部の親族企業としては少額だ。趙某の官界における地位は高くなかったとみられる。一家は東北《ドンベイ》（旧満洲）の出身なので、おそらく趙某が南京市か江蘇省の市政府や党委員会に勤務したことで南京に転居したのだろう。

いっぽう、中国に渡った竹内は二〇一五年、在中日本人や在日中国人を主人公とした映像シリーズ『我住在這里的理由《ウォオヂューザイヂェーリィダリィヨウ》』（私がここに住む理由）をウェブで配信しはじめた。

当時の竹内の動画は日本のテレビ番組のような作りで、なんら政治性もなかったため、日本人が見ても中国人が見ても違和感がない内容だった。折からの中国人の日本旅行ブームにともなう日本への関心の高まりもあり、竹内の動画はすこしずつ話題になった。

「撮影時はタメ口に近い口調で、初対面の相手にもグイグイ話しかける。事前にストーリーを作らず、台本無しの撮影にこだわっていた」

二〇一七年に竹内を取材した、日本の大手通信社の記者はそう話す。ディレクターがカメラの向こうの相手に直接語りかけるセルフドキュメンタリーは、従来の中国ではあまり例がなく、斬新な手法だった。

同年十一月の時点で、『我住在這里的理由』の再生数は二億回を超え、微博のフォロワーも二十万人を突破した。ネット動画の収入は限られていたとはいえ、竹内はこの時点ですでに、日中の民間交流の世界では知る人ぞ知る有名人になりつつあった。

竹内から継続的に複数回の取材を受けた数人の証言によると、彼は世間で名が知られるにつれて、自分よりも「ランクが低い」とみなした相手に対して傲慢な態度を取ったり、取材に遅刻したりと、日本での制作会社時代にはみられなかった振る舞いも目立ちはじめたという。ただ、これらは中国人にはよく見られる行動であり、竹内は現地で長く暮らしたことで、こうした部分でも中国に染まったのだとみられた。

日本のテレビ業界人らしい軽いノリで、母国の映像制作・編集技術を用いつつ、中国人スタッフと中国語でドキュメンタリーを作る。そんな彼の作品が、現地の対日感情を和らげ、新しいタイプの日中の架け橋となっていたことも、やはり事実だった。

### コロナ三部作のインパクト

だが、竹内の作風は、中国発のコロナ禍が広がった二〇二〇年以降に変貌する。

最初の契機は意外にも、日本におけるプチ・ブレイクだった。

同年三月二日にヤフーニュースに発表された、地元の南京市のコロナ対策の成功を伝える動画『緊急ルポ　新規感染者ゼロの街　新型コロナ封じ込め徹底する中国・南京を歩く』がアクセスを集め、サイト内のトップ記事になったのだ。

当時、中国では武漢における最初のコロナ禍が一段落して、ゼロコロナ政策の端緒となる厳重な防疫措置が取られていた。いっぽう、日本では二月上旬にクルーズ船のダイヤモンド・プリンセス号での感染爆発が報じられ、同月下旬に政府が国内の各種学校に休校要請を出すなど、世情は混乱状態にあった。日本の対応が後手に回っているように見えるなか、一足先にコロナに対処した中国の「成功」が、藁をもつかむような心理にあった日本人に受けたのである。

予想外の大反響を受けて、竹内らは翌三月三日に同じ動画を中国国内のサイトにアップしたところ、一千万回以上の再生数を記録する。当時の彼が仰ぎ見る存在だった「大V《ダーヴィ》」（中国側のインフルエンサー）たちからも相次いで情報を拡散され、微博の動画ランキングで一位を獲得した。

結果、竹内は二百社を上回る中国メディアの取材を受ける。さらに三月十六日には南京市から呼び出され、同市の党委員会書記である張敬華から直々に感謝の意を示された。

この事件を契機に、竹内の作風は大きく変わっていく。

ほどなく、二〇二〇年六月に武漢市のコロナ復興を描いた『好久不見、武漢』、翌年一月には中国が防疫政策に成功してコロナ後の時代に入ったとする見解に立つ『後疫情時《ホウイーチンシィ》代《ダイ》』（アフターコロナ時代）などの長編動画を次々と発表するようになった。

実際にこれらの作品を見ると、機材がグレードアップしたのか映像のクオリティが格段に良くなったいっぽう、たとえば『好久不見、武漢』では、感染者隔離病院の建設で政府に表彰された英雄や、武漢市在住の警察官と城管《チェングアン》（市で雇用される準治安維持組織）のカップルなど、当局に近い人物ばかりが取材対象者として登場。随所で不自然な演出が目立つ。

もちろん動画の内容も、もっぱら中国の政策の成功を伝える「正能量」であり、初動段階の混乱で生じた市民の被害やロックダウン下の人権侵害にはほぼ言及していない。

和之夢の関係者たちは、取材対象者の選定や現地取材の過程において当局の介入や優遇措置はほぼなかったと証言しているが、結果として当局に極めて都合がいい作品となっているのは確かである。当時の中国共産党は、自国の国民管理体制に由来した感染症対策の正しさを誇っており、竹内のコロナ三部作は、そうした見解を強く補強するものだった。

## 中国の公務員試験に「竹内亮」が出題

結果、竹内は当局から「国際友人《グォジーヨウレン》」に位置づけられ、中国国内では彼を持ち上げる大々的なキャンペーンが張られていく。

まず二〇二〇年十二月三十日、党中央機関紙『人民日報』ウェブ版がトップ記事で竹内を報道。さらに翌年一月六日には、中国外交部の記者会見で華春瑩《ホアチュンイン》報道官が『後疫情時代』を名指しして「中国の取り組みの真実を偏見なく記録した」と大絶賛した。

いっぽう、竹内は同年二月十二日、「世界で一番手に入れるのが難しい」（本人のXのポストによる）とされる中国の永久居留身分証（永住権）を取得。同年五月十七日には、なんと中国の公務員試験で「竹内亮」の名前を選択する問題までも出題された。

中国において、当局やそれに近い部門が個人や作品を称賛する行動は、ときの政権から見た「政治的に正しい」存在に対するお墨付きに他ならない。

いつしか、表示結果を当局が操作できる微博の「おすすめ動画」には、いつも竹内の新作が上がるようになった。駐大阪総領事館の戦狼総領事・薛剣《シュエジエン》（第三章参照）も、Xで何度も竹内を褒めたたえ、二〇二二年二月に一時帰国中の彼を総領事館に招くなど、盛んに厚遇しはじめた。

中国の庶民も、自国を褒めてくれる竹内の作品を好んだ。

「日本では中国の悪いことを伝える報道が多い。でも、亮叔《リャンシュー》（＝竹内）の動画は、中国のいい部分をたくさん伝えているんです」

二〇二二年九月十七日、一時帰国中の竹内が都内の有明で開いたファンイベント会場で、二十五歳（当時）の中国人女性はそう評している。

## 中国共産党のプロパガンダ部門から表彰

竹内はその後も、中国内陸部の脱貧困政策を肯定する動画や、ドキュメンタリーの体裁をとった地方政府のPR動画、前出の上海ロックダウンの被害を矮小化する動画などを次々と発表した。もちろん、従来のようなカジュアルな話題の動画の公開も続けているが、こちらも中国国内のテレビ番組のような生硬な演出が増え、政治性を抜きにしても一般的な日本人の感覚では楽しめない内容が増えるようになった。

竹内が日本の制作会社に勤務していた時期から、彼を知っている人物はこう話す。

「若いころの彼は本当に感じがよくていい子だったんです。中国人の奥さんをもらって中国に行くと聞いたときも、彼らしいなあと応援していた。ところが近年、日本のテレビ局からの連絡を『中国の悪口を言うから』と拒否したり、過去に中国ドキュメンタリーを多く手掛けてきた旧知の同業者に『あなたは中国のよくない部分ばかりを撮る』と話したりするようになった。以前とのギャップが大きすぎて、戸惑っています」

日本側の人間関係に隙間風が吹くいっぽう、中国当局はその後も竹内本人とその作品を評価しつづけ、さまざまな機関が各種の賞を授与。さもドキュメンタリー界の第一人者であるかのような扱いをするようになる。

二〇二三年九月には、中国共産党のプロパガンダ部門である党中央宣伝部直轄下の中国外文局から竹内に対して、中国と海外との文化交流に貢献した人物を表彰する第一回蘭花賞が贈られた。さらに十月にも、同じく外文局から彼の作品『華為的１００張面孔』（ファーウェイ百面相、後述）が表彰された。

竹内は名実ともに、中国において「大監督」に登りつめたのだった。

## ファーウェイのPR動画を作成

「党に必要とされれば、一夜にして天地がひっくり返るほど毎日が変わる。その誘惑に抗うことは難しいだろう。さえない一般人が、党の力でいきなり有名人にしてもらえれば、虚栄心を大いに満たせる。しかも、金銭的にも潤うわけだからね」

中国国営放送ＣＣＴＶの元幹部かつ調査記者で、現在は日本で暮らす王志安《ワンジーアン》（第六章参照）は、竹内のシンデレラ・ストーリーについて冷ややかに話す。中国のメディア業界とプロパガンダを知り尽くした男の目に、竹内現象はそのように映っていた。

「もっとも、党もバカではないから支援したい人物に直接カネを渡したりはしない。相手を援助するときは、当局と関係が深いどこかの企業を間に噛ませ、商取引の形で利益を供与することになる――」

　ちなみに、竹内は中国での成功後、現地メディアのインタビューに対して「自分は日本にいたころから安定した職業と充分な収入があった」としばしば主張するようになった。

　だが、私が彼の前の職場の代表の広瀬に尋ねたところでは、有限会社であるホームルーム社の月給は中堅社員でも二十七～二十八万円程度、賞与も年一回で月給一カ月分だ。日本時代の竹内の年収は、おそらく三十代前半時点でも三百万円前後と、同世代の男性の年収中央値の三分の二ほどだったとみられる。妻の趙萍も、中国語講師や通訳など一般には安定性が高くないと思われる職業に就いており、首都圏で暮らす子持ちの三人家族（当時）として充分に豊かな環境だったとは考えがたい。

　中国に移住して和之夢を立ち上げ、日中関係者の間では知る人ぞ知る存在になった後も、現地のプラットフォームにおける動画配信の利益は数千ＰＶあたり〇・一元（約二円）程度ともいわれるなかで、動画配信の収入は限られていた。日本のテレビ局や古巣のホームルームの依頼を受けて、中国の現地映像を撮影することで収入を補っていたものの、当時の竹内夫妻が「金がない」とボヤいていたという周囲の証言は多い。

だが、それらはすでに過去の話だ。取材に応じた和之夢の内部関係者は言う。

「動画再生数はほとんどお金にならないでしょう。ウチは実態としては制作会社兼、広告会社です。現在の収益は中国企業からの〝合作《ホオツオ》〟（協力）に依存していて、（ブレイク前からのシリーズ物である）『我住在這里的理由』以外の動画コンテンツはほぼすべて、どこかの企業から依頼を受ける形で作っている。動画のクレジットに企業名を明記しないケースもありますが、作品内で製品を使う様子を映し込む手法が多いので、よく見ればどこの会社がスポンサーかはわかりますよ」

一例として、竹内の代表作のひとつに、中国企業のファーウェイを取材した『華為的１００張面孔』というシリーズがある。二〇二二年三月十二日、微博の動画再生数が全中国で一位を記録するなど、多くの中国人に支持された作品だ。

ファーウェイは、中国が誇る世界的な通信機器メーカーである。しかし、近年は権力との近さがアメリカの疑義を招いて制裁を受け、西側諸国の市場から締め出されつつある。

竹内はそんな同社の「核心」に迫ることをうたい、三十分程度のドキュメンタリー番組を二十本も制作。通常は部外秘とされる工場内に「潜入」して撮影したほか、中東のドバイやアフリカの拠点にまで飛び、ファーウェイの実態を伝えて疑義を晴らそうとした――。だが、一連の作品の制作費の一部はファーウェイから拠出されていたことが、和之夢とファーウェイ双方の社員や元社員の証言からすでに判明している。他にも自動車大手・吉利汽車《ジィリーチーチャー》（ジーリー）など、中国の各社と和之夢の間にも同様の制作体制が存在することが、関係者の証言から確認されている。

　こうしたステルスマーケティング的な手法は中国では当然視されており、たとえ実態が明らかになったところで、それを深刻な問題であると考える中国人はほとんどいない。前述のように、この作品は党の宣伝部の傘下部署からも高く評価されている。

ただ、他の先進国の基準であれば話は違う。取材先から資金を提供された動画は、通常は「ドキュメンタリー」とは呼ばれない。

　CMやプロパガンダ・ムービーとしての評価以外で、作品の値打ちが認められることも、本来ならばまずないはずである。

**「中国のいいところをたくさん紹介したい」**

「私たちは中国政府に媚びたい考えはないです。でも、『人民日報』や外交部の記者会見で取り上げられたことは、（竹内も社員たちも）『有名になってうれしいな』という感覚しかありませんでした」

竹内の会社である和之夢に、二〇二二年七月まで勤務していた二十八歳（取材当時）の日本人女性・柚子《ヨウヅ》はそう話す。

実のところ、竹内の「成功」は、彼が打算的に中国当局に接近したり、当局側が一貫した計画のもとで彼を育成したりした結果ではない。周囲の証言から浮かび上がるのは、竹内や和之夢の関係者たちの、中国の政治体制に対する驚くほどイノセントな姿勢だ。

その事実は、なによりも本人の話を聞くことで明確に浮かび上がった。

二〇二二年九月十八日夜、私はＺｏｏｍを用いて、竹内から二時間にわたり事情を聞いている。やりとりを再現するため、以下は会話体で紹介したい。

――ファーウェイなどの各社から制作費を受け取る形で「作品」を作ったのは事実か？

**竹内**　そうです。ただ、すべての会社と「作品内容に干渉しない」と契約を交わしている。制作をすこしは助けてもらっても、言いなりではない。宣伝ビデオを作る気はありません。

――中国での自分の知名度をどう思っているか？

**竹内**　取材の申請が通りやすくなりました。現在は自分のやりたいことができていると思う。日本にいたころは、出来上がった作品はテレビ局のものになるし、制作段階でもテレビ局の言うことを聞かなくてはいけなかった。それが嫌で、テレビ局の下請けではなく個人で作品を作りたい考えはありました。いまはそれができているのが嬉しい。

――あなたの「作品」がプロパガンダ的だとする批判についてどう思うか？

**竹内**　僕は中国が好き。自分の奥さんの国でもありますし、中国のいいところをたくさん紹介したいという思いでやっている。むかし日本で担当していた『ガイアの夜明け』や『情熱大陸』も、企業や個人のすごい部分やよい部分を伝える作品でした。僕はそれと同じことを中国でやっているだけです。ここ数年の話ではなくて、日本時代から十五年以上も同じ仕事をやってきた。

――「作品」において、中国の負の面に対する目配りがほとんどみられない理由は？

**竹内**　興味がないから。見ないように意識しているのではなく、目に入らない。僕は自分が面白い、美しい、撮りたいと思ったものを撮っているんです。自分はジャーナリストではないので、客観性は意識していない。僕が撮るものはすごく主観的です。

――中国の政治的なリスクについてどのような理解をしているか？

**竹内**　一般庶民レベルの理解はしていると思います。日本人の僕がわからないことは、会社の（中国人社員の）みんながリスク管理をしてくれますよ。

## 息子を人民解放軍式キャンプに入れる

途中からは、和之夢の社長でプロデューサーでもある妻の趙萍も加わった。

ちなみに、竹内夫妻は二〇二〇年の夏、当時十二～十三歳の長男を二十一日間にわたり中国人民解放軍式の軍事教育キャンプ（夏令営《シャーリンイン》）に入れ、その「成果」を微博とツイッターで嬉々として報告したことがある。

中国では部活やスポーツ少年団がほとんどなく、厳しい環境で子どもを鍛える場は限られている。軍隊と国民の距離感が近いお国柄や、社会を挙げての愛国主義ブームも相まって、近年は子どもを解放軍式キャンプに入れて礼儀作法を叩き込む保護者がすくなくない。

ただ、子どもに迷彩服を着せて銃の撃ち方を教えたり、反動派の撃滅や毛沢東思想の偉大さを称える軍歌を斉唱させたりするキャンプに、日中国際結婚の夫婦の子とはいえ日本生まれの児童が加わる例は、通常は考えられない。取材のなかでその疑問もぶつけた。

――息子を解放軍式キャンプに入れたのはなぜ？

**趙萍**　あなたに中国人の本当の友人はいますか？　中国では当然のことです。

――かつて六四天安門事件で自国民を何千人も殺害した軍隊の訓練を自分の子どもに受けさせることについて、親として思うことは？

**竹内**　（そこに問題があると）考えたこともなかった。なんでも政治に結びつけるのは間違いだ。息子を厳しく育てたいと思ったら、たまたま身近にそれがあっただけ。問題とは思いません。

――『人民日報』のトップに記事が出たり外交部記者会見で名前が出たりしたことで、（竹内らが現政権に近いという）政治的な意味を感じ取る人もいるのでは？

**趙萍**　知りません。そう感じたい人は勝手に感じたらいい。私たちは政治に興味がないんです。中国政府がなぜあんなに取り上げてくれるのかは、よくわからない。外交部の人（＝華春瑩）から褒められたことも、ただ驚いただけでした。

――自分たちが政治的に利用されているという意識は？

**竹内**　そんなのはどうでもいいし、あまり気にしたことがない。仮に中国に利用されているのだとするなら、日本だって僕のことを「利用」すればいいと思う。

**趙萍**　私たちは利用されていません。

自身の行動が中国の社会でいかなる意味を持つのかについて、竹内の自覚は薄い。他国の国家権力のプロパガンダに協力する行為は問題であると考える判断基準それ自体を、彼ははじめから持っていないように思えた。

そもそも、竹内がかつて日本で働いていた職場は、各方面に対するしがらみへの配慮を前提としてテレビ番組を作る下請け制作会社だった。そこで働く社員ディレクターの実務において、権力への距離感や表現の自由へのこだわりといった「意識の高い」信念を持つ制作姿勢は、必ずしも求められていない。

日本人の元テレビマンにとっては、相手が電通やジャニーズ事務所であろうと、中国共産党であろうと、根拠が不明確な忖度や権威への従属が常に必要とされる点では、日本も中国も働き方はさして変わらなかったのではないか。

いっぽうで妻の趙萍も、政権に接近することへの警戒心は薄い。自分たちの人生が政治の動向に翻弄される可能性を考慮せず、国家を無条件に信用するという、一昔前と比べて慎重さが大きく欠けた思考のパターンは、近年の中国人に特有のものだ。

海外派出所の工作に素直に協力したり戦狼外交に熱狂したりする人たちとも一脈通じる、いかにも戦狼中国の庶民らしいメンタリティ。とまで書けば言いすぎだろうか。

日本のテレビ業界人の軽薄な個性と、「習近平の臣民」の心性とのグロテスクな結合。中国外交部や党宣伝部が盛んに持ち上げる「中国で有名な日本人ドキュメンタリー監督」の内実は、限りなく空虚だった。

## 親中派インフルエンサーたちの素顔

近年の中国では、日本人の竹内の他にも、アメリカ人のネイサン・リッチやジェリー・コワル、イギリス人父子のリー&オリ・バレット、カナダ人のグウェイロ60、イスラエル人のラズ・ガル・オルなど、西側諸国出身の外国人インフルエンサーが数多くプロパガンダに動員されている。

彼らの一部が当局やそれに近い筋からの援助を受けていることは、すでにニューヨーク・タイムズやロイター、ＢＢＣなどさまざまな欧米メディアにより報じられている。一部のインフルエンサーたちは報道に反論しているものの、彼らのなかで最大の売れっ子である竹内が、ファーウェイなどから利益供与を受けているのは確かな事実だ。

　こうした外国人インフルエンサーたちは、出自や過去の経歴が明らかな人物については、おおむね以下のようなパターンに分けることができる。

　すなわち、①本国では芽が出なかった芸能・メディア業界の出身者、②本国の社会では周縁的な立場にいたとみられる人物、③中国と取引があるビジネスマン、という三者だ。

　とりわけ、新疆や香港の人権問題・新型コロナウイルスのアメリカ起源説・ゼロコロナ政策に対する評価など、西側社会の一般的な良識に照らせば看過できない問題についても中国政府の見解を積極的に支持したり、党体制と著しい癒着を示していたりする人物は、①か②に相当する例が目立つ。

　たとえば、親中国的な言論によって微博で百十万人以上、動画サイト『西瓜視頻《シーグァシーピン》』で約百六十四万人のフォロワーを集める在中台湾人インフルエンサーの寒国人《ハングォレン》は、もとは売れない歌手グループのメンバーで、ストリートパフォーマーだった人物だ。

　私が二〇二三年二月に本人に取材したところでは、彼は中台統一に協力的な台商《タイシャン》（中国大陸で商売をおこなう台湾人ビジネスマン）から援助を得て、中国の浙江省杭州市で暮らしているとのことだった。

在中日本人俳優の矢野浩二も①の典型例だ。彼は日本で高校を卒業してから、ある有名俳優の付き人を約八年務めた後、二〇〇〇年代前半から中国で活動を開始。もっぱら抗日ドラマの日本兵役を演じてきた。

矢野もまた、少数民族の強制労働疑惑が指摘される新疆の綿花使用を支持する声明を発表したり、二〇二〇年一月に一時帰国中の日本からコロナ禍の渦中にある武漢に十三万枚のマスクを贈るパフォーマンスをおこなって中国メディアに大々的に報じられたりと、中国の体制に寄り添う姿勢を顕著に示している。彼のパーソナリティは竹内とやや似ており、複雑なものごとをあまり考えないネアカなタイプの人物だと言われている。

いっぽうで②のパターンも興味深い。中国で有名になった外国人インフルエンサー（政治的ではない人物も含む）のプロフィールを調べると、ソ連から移住した両親のもとで生まれたドイツ人、トルコ系のオーストラリア人、ユダヤ系アメリカ人など、本国の社会ではマジョリティではない出自を持つ人たちが目立つ。前出の寒国人も、一九八〇年代中盤に台湾に移住した在韓華僑の家系に生まれており、台湾社会では非常に周縁的な個性を持つ人物だ。

②のなかでも極端な例が、動画サイト『BiliBili』で百五十万人近いフォロワーを持ち、過激な対米批判を繰り返しているアメリカ人のネイサン・リッチである。

彼は少年時代に新宗教団体サイエントロジーの寄宿舎で虐待を受けたとされ、成人後にホームレスを経験、さらに麻薬乱用や窃盗での逮捕歴がある。二〇一八年にサイエントロジーの暴露本を出版し、その後に中国に移住して「火鍋大王《フォグォダーワン》」のハンドルネームを名乗るインフルエンサーになった。

二〇二〇年七月には、香港デモについて中国当局を擁護する言説をおこなったことが評価され、中国国営放送CCTVから「今年もっとも中国を感動させた人物」の一人に選出されている。

## 習近平が倒れたらどうなる？

本国では成功できなかった自己顕示欲の強い人物が、自国を貶めて中国を褒める言動をおこないネット動画のアクセスを稼いでいると、党から目をかけられて名声と経済的安定を約束される——。

中国の外国人インフルエンサーのすくなくとも一部には、こうした図式が存在している。党の立場から見ても、庶民に対して娯楽的かつ客観的な情報を装ってプロパガンダを刷り込むためには、親中派外国人のインフルエンサーは大いに役に立つ。

流れ者の外国人の食い扶持を保障し、表彰やメディア取材で箔付けしてあげるだけで、数百万人の庶民の価値観に影響を与えられるのだ。プロパガンダとしては非常にコストパフォーマンスがいい手法なのである。

もっとも、特定の政権の「色」がつきすぎた人物は、次の政権が前政権のやりかたを否定する方向を打ち出した場合、しばしば吊るし上げられて職や名誉を失う。

過去、国民党政権と近かった人物が文化大革命で迫害され、いっぽうで文革期に政権と近かった人物も次の時代には失脚し……。といった話が、庶民を含めて無数にあるのが中国だ。

目下、中国における親中派外国人の筆頭格で、しかもゼロコロナ政策という現政権を象徴する政策を肯定することで短期間で台頭した竹内は、「習」の匂いがあまりに強すぎる。

二〇二三年時点で七十歳の習近平は、今後すくなくとも十年は政権を握り続ける意志を持っているとされる。ただ、合理性を無視した部下たちの忠誠合戦と、西側社会に対する戦狼主義に彩られた硬直的な政権が、中国経済の低迷のなかでハードランディングに陥ることなく存続できるかは極めて不透明だ。

そこで私は竹内に取材した際、「今後に習近平が失脚した場合、自分たちは無事でいられると思うか？」という質問もぶつけてみた。

「そんな質問は初めて受けた。なぜそう尋ねられるのかもわからない。中国の政権や政治問題にコミットするなんて、過去に一度も考えたことがなく、答えようがない」

竹内は目を丸くしてそう答えた。

ただし、彼は中国人の「潤《ルン》」（体制に見切りをつけた人々の海外脱出）が盛んになった二〇二二年春、かつて解放軍式キャンプに参加させた長男を南京市内の名門校・南京一中からわざわざ退学させ、妻の趙萍とともに日本国内に居住させるようになっている。

その決定を下したのが竹内本人か趙萍かは不明だ。

ただ、習近平時代のプロパガンダの旗手としての人生も、決して楽ではなさそうである。

# 第六章
# 「中国の池上彰」が日本に逃げた理由

2022年6月7日、都内でインタビューに応じる王志安

## 母国に見切りをつける中国人が増加

世界に敵を作り続ける戦狼外交、国際ルールを無視して展開される海外派出所、台湾と沖縄への野心、科学的根拠を無視したゼロコロナ政策とその唐突な放棄、習近平に対する歯の浮くような個人崇拝キャンペーンと自国を過剰に褒め称える愛国主義プロパガンダ――。コロナ禍が発生した二〇二〇年ごろを境に、中国の諸政策は明らかに極端から極端へと走りがちな傾向を見せるようになった。

近年、かつては中国社会の中心にいた人物たちが、そんな母国に見切りをつけて日本への脱出を選びはじめている。ジャーナリストの王志安《ワンヂーアン》もその一人だ。

一九六八年生まれの彼は、かつて天安門のデモに穏健派の学生リーダーとして参加した経験を持ち、北京大学で中国近現代史を学び修士号を取得してから、国営放送局ＣＣＴＶ（中国中央電視台）のニュース評論部に就職。報道ドキュメンタリー番組の『東方時空《ドンファンシイコン》』や『焦点訪談《ジャオディエンファンタン》』などで調査記者を務め、中国社会の矛盾を追い続けてきた。

二〇〇九年からはＣＣＴＶのニュース評論員（論説委員）に就任。経歴と知名度の双方で「中国の池上彰」とも呼ぶべき中国メディア業界の重鎮だったが、習近平時代に入りメディア統制が強まるなかで退社を余儀なくされた。

その後、移住先の日本で二〇二二年五月にユーチューブの時事評論チャンネルを開始したところ、往年の彼を知る中年世代の在外中国人を中心に注目が集まり、二〇二三年十一月上旬にチャンネル登録者数が百万人を突破した。

かつて体制の深奥にいた男は、いまなお中国の政財界に対して深い知見を持つ。そんな彼に、戦狼外交の本質と中国国内のメディア統制の実態、そして中国の将来について、存分に語ってもらった。

(インタビューは二〇二三年六月と八月、二〇二三年十月の三回に分けて実施した)

## 任期継続のため選ばれた戦狼路線

——戦狼外交は、中国の長期的な国益の観点から見れば合理的ではありません。習近平政権ではなぜ、あのような外交姿勢が選択されていると思いますか?
**王** 現在の極端な外交姿勢が選び取られるきっかけは、習近平体制が二期目(二〇一七年〜)に入ったときに生じた。当時の習近平は、本来ならば任期制の縛りによって不可能であったはずの三期目以降の政権続投を望んでいたが、そのためには党内を説得する理由が必要だった。
かつて鄧小平が定めた党指導者の任期制という慣例を撤廃するには、習近平体制がさまざまな面で、これまでと異なる新体制であるというイメージを強調する必要がある。すなわち、習近平の政権は「中華民族の偉大なる復興」を完成させ、中国の歴史を新たな時代に進めるのだと人々に印象づけねばならない。前々代と前代の江沢民・胡錦濤は、鄧小平の韜光養晦《とうこうようかい》路線（挑発的行動を戒める外交方針）を引き継いで外交面ではソフト派だったが、自分は違うというわけだ。

――習近平政権は二期目以降、一九七〇年代までの毛沢東時代を「立ち上がる時代」（站起来《ヂャンチィライ》）、鄧小平から江沢民・胡錦濤政権時代までを「豊かになる時代」（富起来《フーチィライ》）、習近平時代を「強くなる時代」（強起来《チャンチィライ》）と定義する独自の歴史観を打ち出しています。戦狼外交も「強くなる時代」の国内・党内の事情ゆえに必要とされたわけですね。

**王**　その通り。加えて習近平の国際認識の変化がある。はじめの契機は二〇〇八年の世界金融危機におけるアメリカの失態と、中国経済の躍進だった。だが、なによりコロナ禍の初期、中国が感染封じ込めにひとまず「成功」したのに対して、アメリカで感染爆発が起きたことが大きかった。

これまでの韜光養晦路線はアメリカ主導の世界秩序を前提としたものだったが、もはやアメリカは恐れるに足りない。世界の潮流は東升西降《ドンシェンシージャン》（欧米の没落と中国の勃興）であり、やがて中国が国際秩序の担い手になる。今後、必然的に長期にわたるアメリカとの対立が起きるが、これに勝利すれば中国の時代となる――。習近平はそのような国際情勢認識を抱くにいたった。

国連安保理における、中国による拒否権の発動も、韜光養晦路線の時代には非常に抑制的で、五大国のなかでも回数は最少だったが、習近平の二期目以降は（二〇二二年五月の対北朝鮮制裁に対する拒否権行使など）多用されている。これも中国外交の姿勢の転換を如実に示すものだ。

――中国政界において対外強硬路線を支持するのはどのような勢力ですか？

**王**　最も明確なのは人民解放軍だ。予算の獲得と党内における発言権の獲得という軍自身の利益からして、戦狼外交は最も望ましい。また、もともと党内（の文民）においては、韜光養晦路線はアメリカをはじめとした西側勢力に対して軟弱にすぎると反発する勢力がながらく存在してきた。習近平は彼らの支持を得ることで、自身が第三期目以降も留任する政治資源を作ったと考えてよい。

## 過激外交官たちの共通点

——戦狼外交を現場で担う中国の外交官僚たちを動かすものは、何だと思いますか？

**王**　投其所好《トウチィスオハオ》（その好むところに投ず。迎合する）だ。たとえば現在の外交部長の王毅からしてそうだろう。彼は駐日大使を終えてから、台湾関連部門のトップである国務院台湾事務弁公室主任を経て外交部長になり、やがて国務委員になった。多くの人がご存知のように、駐日大使時代の王毅は「戦狼」とはほど遠い温和な人柄で知られ、日本側との関係もおそらく良好だった人物だ。

それが現在のあの様子に変わったのだから、状況に迎合したと考えるのが妥当だ。彼は日本語専攻のジャパン・スクールで、党内から「敵」たる日本の回し者として見られるリスクもあることから、なおさら強硬な言辞を吐く必要があるのだろう。

——すこし前まで戦狼外交の顔だった、外交部報道官の趙立堅《ヂャオリージエン》については？

**王**　もちろん、戦狼的な発言はポーズに過ぎない。私が過去に外交部内の知り合いから聞いた話では、趙立堅は非常に貧しい家庭の生まれで（注・趙立堅は河北省灤南県姚王荘鎮という田舎町の労働者家庭の出身）、苦労人だというんだ。いっぽう、職場では周囲の評判がすこぶるよかったらしい。同僚や目下の人間に対しても礼儀正しいと聞いている。戦狼とはほど遠い人物像だ。

往年の彼の発言は、曲線を描くように過激度が増し、時間とともに派手になっていった。上司や習近平に好まれる言動を取り続けた結果だ。

外交部報道局長の華春瑩についても、「投其所好」的な動機から戦狼化している点は変わらない。加えて言えば、華春瑩も田舎の出身だ。

――泥臭い苦労人で衆望もあるという趙立堅や、後進地域の蘇北《スーベイ》から叩き上げた華春瑩の個性は、それぞれ駐大阪総領事の薛剣《シュエジエン》（第三章参照）との共通点を感じます。

**王**　彼らはいわゆる紅二代（党の功労者の二世）ではなく、コネを持っていない。党内での地位も、低くはないが高くもない。だからなおさら、戦狼外交というチャンスにしがみついて立身出世を図ろうとするのだろう。

## 中国政府が処理水問題で騒ぐ理由

――中国の庶民は外交官らの戦狼外交をどう見ていますか？

**王**　国民全体から見て少数派であるインテリ層は戦狼外交を苦々しく感じているが、ネット上の反応を見る限り、一般庶民は大喜びだ。

二〇二一年三月にアメリカのアンカレッジでおこなわれた外交トップ会談に出席した楊《ヤン》潔篪《ジェチィ》と王毅は（相手側の四倍の時間を使って自国の主張を強硬な言辞で述べ続けるなど）アメリカのブリンケン国務長官らに対して極端に強硬な姿勢を示した。

楊潔篪は会談中、「中国陣営の前で私はこう言いたい。米国は中国に対して強者の立場から話す資格は持っていない」などと過激な物言いを数多くおこなっている。これらの発言も中国国内での評判は非常に良かった。

――なぜ庶民のそうした反応が生まれるのでしょうか？

**王**　いわゆる「洗脳」は、強力なプロパガンダのみによるのではなく、情報を制限することでなされる。その方法はふたつだ。まずは情報の壁。人々に海外の情報を得られないようにして、国外から自国がどのように見られているのかをわからなくする。

二番目の方法は、当局に都合のいい特定の情報だけを伝えることだ。たとえば列車事故が起きたときに、「運転士が乗客の生命を救おうと殉職した」といった情報ばかりを伝え、他の情報（詳しい事故原因や背景など）は制限する。一般人に対しては、これで十分に洗脳をおこなうことができる。

中国の庶民が戦狼外交に熱狂する姿勢も、同様の操作から生じている。庶民は情報が制限された環境に置かれ、国際環境の複雑な事情などは知らない。中国では学校教育において、近代の百年を通じて西側国家に圧迫を受けてきた歴史を教え続けていることもあり、西側諸国に強硬な対応を取る外交官の姿は、庶民の溜飲を下げるものとなっている。

——二〇二三年八月末から、福島原発処理水の放出に対して、中国は日本産水産物の禁輸措置を取るなど非常に厳しい反応を示しています。いっぽう、民間から日本国内に大量に嫌がらせ電話も掛けられました。

**王**　簡単な話だ。日本は、中国と対立するアメリカに従っているわけだから、戦略としては日本を叩かなくてはならない。福島の件については、かつて原発事故が起こったという客観的な事実がある。そのうえで中国が「処理水を海に流すな」と主張することは、日本側としては道義的には反駁が難しい問題だ。中国としては、最も日本を叩きやすいテーマということになる。

いわば中国が靖国問題で騒ぐのと同じ構図だ。日本は第二次世界大戦に負けており、靖国神社にはA級戦犯が合祀されている。なので中国はそれを延々と責め続けることができるわけだ。日本が国連の常任理事国に入ろうとしても、中国は「日本は戦争を反省していない」という理屈で反対することができる。中国にとって最も困るのは、日本が靖国神社の戦犯を分祀してしまうことだろう。そうなれば、日本を叩くカードがひとつ減ってしまう。福島の処理水問題についても同様で、中国にとっては外交上の道具だ。

いっぽう、この問題について中国の庶民が得られる情報は限られており、簡単に扇動されてしまう。塩を買い占め、日本大使館に四十万件も抗議の電話を掛け、福島県内のラーメン屋にまで嫌がらせ電話を掛けるような彼らの行動は、当然ながら誤りだが「あり得る」話だ。まともな情報が入っていないのだから。

## 台湾有事の危険性は消えない

――台湾問題についても見解を聞きたいところです。二〇二二年八月上旬にペロシ米下院議長が台湾を訪問した際、中国側のネット世論は即時に戦争を望むかのような過激さを示しました。中国国民の実際の肌感覚は？

**王**　台湾島内の世論や国際社会がどう考えるかとは無関係に、大陸の中国人は台湾の問題について、中国自身の問題であり他国に口出しされたくないとする考えが非常に強い。

これは必ずしも中国共産党による国民洗脳の結果ではなく、中国の伝統的な「大一統《ダーイートン》」

（王朝の統一状態をよきものとする思想）の価値観に根ざしているため、インテリ層にも受けがいい。中国の知識人の多くは党に面従腹背だが、かといって政策をすべて拒否しているわけではない。たとえ国外の自由主義的な価値観に触れた人物でも、「大一統」の認識を持たずにいられる中国人はごく一部だ。

習近平が政権三期目に入る際は、台湾問題の解決を約束することでも党内の不満を抑えたと見ている。政権のスローガンの「中華民族の偉大なる復興」を象徴するのが台湾統一だ。この点について習近平はブレがなく、自分が完遂するべき仕事だと考えている。さもなくば、いかに習でも党内を説得できなかっただろう。

――ペロシ訪台から一年以上が経ちましたが、情勢に変化は？

**王**　中国経済の悪化が今後も続くとすれば、当然ながら大きな影響は受ける。戦争はカネがなければできないのだから。ただ、向こう五年のスパンで見るならば危機は遠のいたが、十五年のスパンで見れば（武力行使の危険度は）やはり変わらない。台湾の問題の解決を最重要視する姿勢自体は、いまでもなんら変わっていないと感じる。習近平は中央軍事委員会の主席として、週の半分以上は軍委に詰め、装備発展部に関する仕事をおこなっているとされる（注・装備発展部は兵器・装備品の管理のほか、新兵器の開発や国内各戦区の統合運営システムの策定などもおこなう部門。二〇一六年の軍事改革で成立）。

――沖縄についてはどうですか。二〇二三年六月、『人民日報』に、習近平が沖縄の歴史に言及する異例の記事（第四章参照）が掲載され、すこし風向きが変わった気がします。

**王**　中国が領土問題についてのアピール外交をおこないはじめたのだと思う。実は釣魚島《ディアオユィダオ》（尖閣諸島）問題には複雑なところがあり、この問題だけを取り上げてこだわるならば中国にとって「不利」だ。なぜなら多くの史料を出せば出すほど、中国がすくなくとも過去に（尖閣諸島が中国領ではないことを）認めていたことなども明らかとなり、日本側に有利になる。だが、中国があえて沖縄問題を持ち出せば、釣魚島問題を「重要ではなく」することができる。

中国としては、沖縄の法的地位は日本人が思っているほど絶対的なものではないと主張し、沖縄独立を支持するポーズを取るようにすれば、日本を守勢に追いやることができる。むろん、沖縄の独立は県民の支持をそれほど得ていないのだが、中国が沖縄をカードとして日本を追い詰めることは可能なのだ。そうすることで、釣魚島問題について日本の譲歩を引き出しやすくするという戦略ではないか。

もちろん、沖縄カードを持ち出したのは台湾問題とも関係があるだろう。もしも日本が台湾に口出しをするならば、中国は沖縄に口出しをさせてもらうというわけだ。これは賢い外交戦略ではある。

## 海外派出所はなぜ生まれたのか

――中国が国外に海外派出所を展開している動機についてはどう考えますか？

**王**　おそらく、それぞれ異なる事情があると思う。ひとつめは、タイやミャンマーやカンボジアなどの国々についてだ。東南アジアの各国は中国マフィアのデジタル詐欺などの拠点になっており、多くの中国国民が詐欺に苦しんでいる。だが、現地の警察力は低く、中国人犯罪の解決能力を持っていない。特に（中国系の軍閥が割拠する）ミャンマー北部については同国の中央政府がコントロールできておらず、トラブルをミャンマー政府に相談してもまったく解決ができない。こうした土地に中国の警察権力が自国民保護のために進出するというケースはある。こちらは現実的に需要がある話でもあって、私も理屈としては理解する。

――中国はカンボジアやラオス、ミャンマーといった国には「警務合作《ジンウーホォヅォ》」などの名称で、現地政府と正式に提携して警察機関を置いていますね。まがりなりにも相手の許可を得ているので、勝手に拠点を設置した日本やEUの海外派出所とはちょっと事情が違います。

**王**　そうだ。ただ、いっぽうで先進国の（海外派出所の）例については、情報工作を目的とするものだろう。すなわち、海外にいる反体制派に嫌がらせをしたり、その情報収集をおこなったりと、大使館員の身分ではやりにくいことをやるのだ。

ご存知の通り、近年は第三国における反体制派中国人に対する嫌がらせが極めて多く起きている。こうしたことは、大使館が直々にやっては角が立つことも多いから、海外警察が「民間組織」を装って実行することになる。

——日本でも悪俗圏の肖彦鋭《シャオイエンルイ》のケース（第二章参照）など、すでに中国当局の越境行動による嫌がらせが発生しています。王志安さんは日本に住んで四年が経ちますが、同様の嫌がらせや警告を受けた経験は？

**王**　さいわい、自分についてはまったくない。私は比較的特殊な立場で、いわば公人だ。私が当局から嫌がらせを受けた場合は、間違いなく（自分のユーチューブで）報道するので、中国側としてもリスクが大きいと判断されているのではないか。各種の嫌がらせは、それほど名が世に知られていない人物に対してのほうが有効だ。

## 批判が許されなくなった「洗脳中国」

――王志安さんが日本移住を決めた遠因は、二〇一七年にＣＣＴＶを退社したことと、その後に北京の大手紙『新京報』のウェブ動画メディアで番組を持ったものの思うような報道ができなかったことだとされます。中国のメディア業界に失望した理由を教えてください。

**王**　習近平政権下で「正能量《チェンナンリャン》」（ポジティブなエネルギー。第五章参照）の報道しか認められなくなったことが大きい。「正能量」報道の最大の特徴は、社会問題の「批評」が許されなくなったことだ。党が国内メディアの資本や人事・報道内容・番組の方向性などをすべて管理するように変わり、現体制下で自分がやりたい報道は、たとえＣＣＴＶを離れても難しくなった。

近年、党はアリババやテンセントなどの民間企業に対しても、メディア事業からの資本の引き上げを求めるようになったが、これも党によるメディア支配の強化が目的だ。いまや報道各社のあらゆる社内人事は党に左右され、たとえ優秀な人材でも党のチェックを経た人物でなければ、編集長などの要職には就けなくなった。報道内容が「正能量」ばかりになるのも当然だろう。習近平は明らかに、メディアによる権力の監督などは不要だと考えている。

私はそれまで、社会派の報道ドキュメンタリー番組を作ってきた調査記者だった。もちろん、国営放送局であるＣＣＴＶは報道機関ではなく党の宣伝機関としての役割が大きい組織だが、私がかつて所属したニュース評論部は局内での統制が非常に弱い部署であり、かなり自由に番組作りができた。学生時代に天安門事件に参加した経験がある私が採用された点からも、それは明らかだろう。

だが、自由な気風は過去の話だ。私が会社を離れた後、管理はいっそう厳しくなり、局内体制も硬直化したと聞いている。私のかつての同僚たちの年収は四十万～五十万元（約八百万～一千万円）で、高給取りで生活に余裕があるが、もはや他の国家機関の幹部たちとなんら変わりがない。現在のＣＣＴＶは、コンテンツを作る場ではなく、完全に国家機関になった。

――日本定住後に人気を博したユーチューブチャンネルでは、自分がやりたいことはできていると思いますか？

**王**　できている。だが、本当は中国国内で取材活動を継続して情報を届けたい思いを持ち続けている。海外にいたのでは中国社会の改善に携われないからだ。ただ、現実的にそれが難しいため、ネットを使った発信を選んだ。プラットフォームは（中国国内から通常は視聴できない）ユーチューブだが、あくまでも中国向けの情報発信を意識している。

国内の中国人たちも、すくなからぬ人が翻牆《ファンチャン》（技術的に閲覧規制を突破すること）をおこなって視聴しているようだ。中国のネット空間にこっそりシェアしてくれる人もいるので、チャンネル登録者数以上の影響力はあると思っている。

習近平政権下で、言論空間の最大の変化は「批評」が許されなくなったことだ。党による国内メディアの資本や人事・報道内容の厳しい管理とインターネット世論の統制によって、中国の情報空間は健全な状態ではない。

現在、私は五十代でまだまだ働ける。いま中国に帰れば拘束のリスクがあるので、もはや里帰りすらかなわなくなったのは残念に思うが、今後も調査報道を通じて中国の社会に幅広い視点を提供したい。願わくば、十四億人に声が届くことを望んでいる。

# おわりに　粗暴な敵とどう向き合うか？

——農村土豪ムーブ。

私や同業者の中国ライターたちは、近年の中国をときにそう表現することがある。

「農村土豪《ノンツントゥハオ》」とは、地方の農村部出身の成り金を指す中国のネットスラングだ。

彼らの生活習慣や価値観は、改革開放政策で豊かになる前の農村の暮らしを引き継いでおり、服装も体型もいまいち洗練されていない。だが、カネにものを言わせて田んぼの真ん中にシャンデリア付きの豪邸を建てたり、高級車を買い揃えたりする。一昔前、日本で「爆買い」を繰り返した垢抜けない観光客たちの一部も、これと近い属性を持つ人たちだ。

彼らの価値観はシンプルで、相手よりも多くのカネや力を見せつけさえすれば他人は自分を尊敬し、言うことを聞くと考えている。いっぽう、そんな自分の姿が第三者の目にどう映るかを想像したり、相手の立場を慮《おもんばか》って行動したりすることは苦手である。

長期的視野はなく、価値観は即物的。商売や投資でリスクを考えずに大金を積み、すぐ調子に乗る。ゆえに勢いに乗ると手がつけられないが、脇の甘さゆえの失敗も多い——。大都市の市民やインテリ層からは失笑される存在だが、中国の社会には一定数、こうした気質の人たちがいる。『三国志演義』でいえば諸葛亮ではなく張飛に、『水滸伝』なら李《り》逵《き》（鉄牛）に喝采を送るタイプの、日本人の目には見えにくい中国人の一類型である。

現代中国の特徴は、国家指導者の習近平に、農村土豪の王者のような気質があることだ。

もちろん、習近平は愚かな人物ではない。ただ、青年時代を下放先の陝西省の農村で過ごし、五十代なかばまで地方勤務を続けた彼は、すくなくとも農村土豪的なメンタリティに嫌悪感がない。むしろ、彼らを批判的な目で眺めるインテリをより嫌っている。

これは前任者の胡錦濤や、政敵だったとされる前総理の李克強（二〇二三年十月死去）のような優等生タイプのリーダーとは異なる気質である。

そんな習近平の体臭を肌感覚で理解して、現体制下で求められる方向のパフォーマンスを発揮できるのは、やはり華春瑩や趙立堅や薛剣のようなプチ土豪気質を持つ官僚たちだ。緻密な計算もリスクコントロールの視点もなく、近視眼的な価値観で力任せに棍棒を振るい続ける戦狼中国の体制は、このようにして生まれている。

最後にあらためて、本書の主な内容をまとめておこう。

## ハードパワーと低い人材レベル

世界のメディアを騒がせた海外派出所に、もともと明確な戦略はなかった。地方の公安局が在外中国人向けの出張行政サービスを展開したところ、世界各国に拠点が広がったため、後付け的に各種の工作活動の拠点として整備されたというのが実態だ。都内で開かれた海外派出所の設立セレモニーに中国大使館員が堂々と参加していた事実からわかるように、中国側はこれが重大な国際問題になるとは認識していなかった。

中国の海外における工作員の運用は、現地に住む普通の中国人が動員される。その手法は、チンピラと変わらない粗野で卑劣なものだ。工作員がターゲットに対して自分の雇い主の情報をみずから明かすなど、任務を担う人材の質は低い。

中国では徹底的な国民監視体制が敷かれているが、その土台となる身分証番号システムは穴だらけだ。個人情報にアクセスできる末端の警察官たちのモラルの低さもあり、二十歳前後のオタクの若者グループによって国家指導者の個人情報まで暴かれている。

戦狼外交を担う外交官の多くは、地方から叩き上げの垢抜けない出世主義者たちだ。勇ましい言動とは裏腹に、彼らの脇は甘い。通常、中国の対日謀略の一大拠点のように思われている総領事館の職員たちは、取材にやってきた記者の素性を「ググる」ことさえせず、掲載雑誌のバックナンバーすらまともにチェックしていない。

近年の中国のプロパガンダを担う外国人たちは、中国企業などからの便宜供与や、国営放送局や党の宣伝部からの表彰を受けている。母国での人生に光が当たらなかった外国人が、「中国を褒める」言説でネットの人気者になり、党の力によって自己顕示欲や生活環境を満たしてもらうという構図が存在する。

世界二位の国力を誇る、高度な国民監視網に支えられた全体主義国家の対外工作活動とプロパガンダ――。そうした隙のないイメージと、戦狼中国の現実は異なる。

彼らは資金・人海戦術・ハイテクという強力なハードパワーを擁する反面、現場でそれを運用する人材のレベルは低い。意思決定も農村土豪ムーブに流されがちだ。

## 忘れられた「弱者の戦略」

――粗にして野だが卑でもある。だが、強大な爆発力を持つ。

現代の戦狼中国はそうした存在である。

ならば、日本は彼らとどのように向き合えばいいのか。

実のところ、勢いに乗る粗暴な敵に対して弱者がとるべき戦略は、過去の中国自身が答えを教えてくれている。

**敵進我退、敵駐我擾、敵疲我打、敵退我追。**
（敵が進めば退却し、敵がとどまれば攪乱し、敵が疲れれば攻撃し、敵が退けば追撃する）

これは一九三六年、毛沢東が中国工農紅軍（人民解放軍の前身）に指示した遊撃戦の基本戦略「十六字訣《けつ》」だ。この方針はその後の国民党軍や日本軍との戦闘のなかでながらく活用され、当初は軍事的に劣勢だった中国共産党に天下をもたらした。

いっぽう、近年の中国は、他ならぬ党自身が「強国」プロパガンダを主張しすぎたことで、過去の「弱者の戦略」を忘れて直線的な行動をとりがちになっている。往年の毛沢東の戦略は、むしろ中国の圧力に対抗する日本にとってこそ参考になる。

向こう見ずに棍棒を振り回す戦狼中国を、正面からまともに相手にしてはいけない。挑発に乗らずに衝突を避けるのはもちろん、二〇二三年夏の処理水排出問題の際に日本政府が試みたような「粘り強く立場を説明して理解を求める」といったアプローチも、近年の中国にはあまり効果がない。民間のビジネスや平和的な友好交流活動ですら、戦狼主義に露骨に利用される可能性があるため、縮小できるものは縮小したほうがいい。

日本や西側世界が中国に対しておこなうべきは、彼らの攻勢をのらりくらりとかわしながら、しばらく我慢して待つことだろう。

戦狼中国の弱みは、持続可能性が薄い点にある。彼らの近年の体制は、習近平というキーピースが欠けるだけで、緊張が大幅にほぐれてしまう可能性がある。

往年のソ連や中国では、スターリンや毛沢東の死後に社会の空気が大きく変わったが、習近平の場合はこれらの「先輩」と比べても無理矢理に自己の権威を押し上げたきらいが強い。現在七十歳の彼の健康寿命が尽きるまで待たなくても、中国経済が継続的に悪化したり、往年のゼロコロナ政策のような失政を再びおこなったりしただけで、その権威は意外とあっさり崩れるように思えてならない。中国共産党の組織はそれでも強靱なはずだが、習近平体制のレジリエンス（回復性）は、おそらくさほど高くない。

戦狼中国の対日工作の現場を取材して、彼らの足元の脆弱性を数多く目にしたからこそ、私はそんな実感を抱いている。

# 参考文献

※報道は代表的なもののみ掲載した。
※リンク先はいずれも２０２３年11月１日最終閲覧。


## 第一章

"110 OVERSEAS-Chinese Transnational Policing Gone Wild," Safeguard Defenders, 2022.9.
https://safeguarddefenders.com/sites/default/files/pdf/110%20Overseas%20%28v5%29.pdf

「ＦＢＩ在紐約拘捕兩名美籍華人、涉運作中國海外『秘密警察站』」『ＢＢＣ（中文）』２０２３年４月18日
https://www.bbc.com/zhongwen/simp/world-65308000

「苏雨桐：中国记者的理想还在」『AMNESTY INTERNATIONAL（中文）』２０１６年11月８日
https://zh.amnesty.org/content-type/more-resources/中国记者的理想还在/

"He Fled From Chinese Camps. Now He's Escaping Russia's War In Ukraine.," Radio Free Europe/Radio Liberty, 2022.3.3.
https://www.rferl.org/a/ukraine-xinjiang-refugee-russian-invasion/31734798.html

## 第二章

梶谷懐・高口康太『幸福な監視国家・中国』（ＮＨＫ出版新書）２０１９年

「【惡俗維基案】「支納維基」負責人願負責　批茂名當局炮製冤案」『rfa 自由亞洲電台』２０２１年２月28

日
https://www.rfa.org/cantonese/news/crackdown-02282021102158.html

## 第三章

「楊潔篪：在習近平外交思想指引下奮力推進中國特色大國外交」『中国共産党新聞網』２０１９年９月２日
http://cpc.people.com.cn/n1/2019/0902/c64094-31331718.html
山口信治「中国の戦う外交官の台頭?」『ＮＩＤＳ コメンタリー』第１１６号　２０２０年５月26日
http://www.nids.mod.go.jp/publication/commentary/pdf/commentary116.pdf

## 第四章

「引領時代、堅定文化自信——習近平總書記在福建的探索與實踐・文化篇」『東南網』２０１７年８月30日
http://fjnews.fjsen.com/wap/2017-08/30/content_20068690_all.htm
「習近平在福建（三）：『近平同志既有啓民心智的魅力、又有知民冷暖的情懷』」『東南網』２０２０年６月19日
http://fjnews.fjsen.com/2020-06/19/content_30355303.htm
「習書記是胸懷大略大謀大志的領導——習近平在福州（二）」『中国共産党新聞網』２０１９年12月13日
http://cpc.people.com.cn/n1/2021/0926/c441136-32236808.html
「黃檗文化為媒　日本僑團訪福建福清促交流」『中国僑網』２０２３年４月７日
http://www.chinaqw.com/qwxs/2023/04-07/355790.shtml

福清黃檗文化促進会「黃檗文化促進會林文清會長載譽歸來」『搜狐』２０１９年10月４日
https://m.sohu.com/a/345020904_285915/?pvid=000115_3w_a
「為促兩國文化交流和民間交往　福建黃檗文化社團赴日參訪」『大菩文化』２０２１年５月13日
https://www.pusa123.com/pusa/news/fo/129435.shtml

## 第五章

竹内亮（著）黄立俊（編）『レンズを通して見た本当の中国』（三元社）
竹内亮『架僑　中国を第二の故郷にした日本人』（ＫＡＤＯＫＡＷＡ）
“How Beijing Influences the Influencers,” The New York Times, 2021.12.13
https://www.nytimes.com/interactive/2021/12/13/technology/china-propaganda-youtube-influencers.html

## おわりに

阿南友亮・益尾知佐子・内藤二郎・川島真「座談会　集権化で露呈した『社会主義市場経済』の限界」『外交』（vol. 81）２０２３年10月
遊川和郎・湯浅健司・日本経済研究センター『点検　習近平政権　長期政権が直面する課題と展望』（文眞堂）２０２３年
毛澤東「中国革命戰爭的戰略問題（１９３６年12月）」『中文馬克思主義文庫』
https://www.marxists.org/chinese/maozedong/marxist.org-chinese-mao-193612.htm

**安田峰俊**（やすだ みねとし）

ルポライター。立命館大学人文科学研究所客員協力研究員。1982年滋賀県生まれ。広島大学大学院文学研究科博士前期課程修了（専門は中国近現代史）。2018年刊行の『八九六四「天安門事件」は再び起きるか』（KADOKAWA）が第5回城山三郎賞、第50回大宅壮一ノンフィクション賞をダブル受賞。他に『さいはての中国』（小学館新書）、『現代中国の秘密結社』（中公新書ラクレ）、『「低度」外国人材』（KADOKAWA）、『中国vs.世界』（PHP新書）など著書多数。

文春新書

1436

戦狼《せんろう》中国《ちゅうごく》の対日《たいにち》工作《こうさく》

2023年12月20日　第1刷発行
2024年1月10日　第2刷発行

著　者　安田峰俊
発行者　大松芳男
発行所　株式会社 文藝春秋

〒102-8008　東京都千代田区紀尾井町3-23
電話（03）3265-1211（代表）

印刷所　理想社
付物印刷　大日本印刷
製本所　加藤製本

定価はカバーに表示してあります。
万一、落丁・乱丁の場合は小社製作部宛お送り下さい。
送料小社負担でお取替え致します。


ISBN978-4-16-661436-3